AF277459

Desde el mirador de la guerra
(artículos de prensa 1937-1939)

Antonio Machado

Antonio Machado (Sevilla, 1875 - Coillure, Francia, 1939). Poeta, dramaturgo y narrador español de la Generación del 98. Cursó estudios en la Institución Libre de Enseñanza. En 1899 viajó a París, en compañía de su hermano Manuel, donde trabajaron como traductores en la casa Garnier y conocieron a Rubén Darío, que era corresponsal del diario «La Nación» de Buenos Aires, y a Oscar Wilde.

En 1907 obtuvo la cátedra de Francés en Soria, ese mismo año publicó *Soledades, Galerías y otros poemas*, y en 1912 *Campos de Castilla*, con enorme éxito. Tras la muerte de su mujer se trasladó a Baeza, donde enseñó francés y se formó en filosofía y griego, obteniendo la Licenciatura en Filosofía en la Universidad de Madrid.

En 1927 fue nombrado miembro de la Real Academia. Posteriormente se trasladó a Segovia, en 1932, donde colaboró en la universidad popular fundada en dicha ciudad.

Durante la Guerra Civil fue evacuado a Valencia y de allí a Barcelona, desde donde cruzó en 1939 la frontera francesa. Falleció a los pocos días de su llegada a Coillure.

Desde el mirador de la guerra
(artículos de prensa 1937-1939)

Antonio Machado

ediciones dyskolo

Desde el mirador de la guerra
(artículos de prensa 1937-1939)

Antonio Machado

Colección: Escuetos
1ª edición: Diciembre 2024
Publicado por Ediciones Dyskolo. Albatana (AB)
http://www.dyskolo.cc

ISBN: 978-84-128259-3-0
Depósito Legal: AB 650-2024
Impreso en España

Descargar ebook

Machado en Barcelona

En los primeros días de abril de 1938 el poeta Antonio Machado junto con su madre, su hermano José, la mujer de este y sus tres hijas llegaron a Barcelona procedentes de Rocafort, en Valencia, debido al comienzo de los bombardeos de la aviación franquista sobre esta ciudad. Previamente, la familia de Machado hubo de abandonar Madrid, en noviembre de 1936, acosada, como cientos de miles de personas por el cerco desplegado contra la capital por las fuerzas golpistas.

El 27 de marzo el diario *La Vanguardia* ya había adelantado la noticia a sus lectores: «con don Antonio Machado nos llegan un escritor y un hombre. Bienvenidos ambos», elogiando el hecho de que «don Antonio, cargado de años, de laureles y de achaques, ha renunciado a su derecho al descanso y mantiene vivo, juvenil y heroico el espíritu liberal que informó su obra y su obrar».

A su llegada a Barcelona el poeta fue recibido por el ministro de Instrucción Pública y Sanidad, Segundo Blanco González, y alojado junto a sus familiares en el Hotel Majestic Inglaterra, donde también se encontraban poetas y amigos como León Felipe, José Bergamín, el hispanista Waldo Frank y Max Aub, así como numerosos corresponsales de prensa extranjera. Al igual que muchos intelectuales y escritores comprometidos con la causa republicana Machado también sumó sus textos a las páginas de *La Vanguardia*, en la que ya publicaban entre otros Thomas Mann, André Malraux, Max Aub, Ramón J. Sender, María Zambrano, Manuel Altolaguirre, Carles Riba, José Bergamín, Arturo Serrano Plaja, Corpus Barga…

Desde noviembre de 1937 el director de *La Vanguardia* era el socialista cordobés Fernando Vázquez Ocaso, que había sido secretario de Juan Negrín, y al que cabe atribuir el acercamiento a Machado. El diario, incautado a la familia Godó tras el golpe de Estado del 18 de julio, estaba controlado por un consejo con representantes del Ayuntamiento, la Generalitat y el propio comité de empresa, y podía considerarse el portavoz oficioso del gobierno republicano en Cataluña. De las veintinueve colaboraciones del poeta andaluz publicadas por el periódico dos de ellas fueron transcripciones de sendas locuciones radiofónicas, y el primero de los artículos, «El poeta y el pueblo», del 16 de julio de 1937, corresponde al discurso que pronunció en Valencia en la clausura del II Congreso Internacional de Escritores para la Defensa de la Cultura. Hubo una columna más sobre el general Vicente Rojo que no llegaría a imprimirse pues, aunque fue entregada por el propio Machado en la madrugada del 23 de enero de 1939, el último ejemplar del diario bajo control republicano vio la luz el día 25.

Los artículos aparecidos en *La Vanguardia*, con escasas excepciones, se centraron en el conflicto bélico en el que estaba inmerso el país, siendo especialmente críticos con la denominada *política de no intervención*, preconizada por los gobiernos de Gran Bretaña y Francia. Básicamente consistía en bloquear cualquier ayuda militar que pudiera llegar al gobierno de la República española, hasta el punto de impedir la llegada de voluntarios internacionales que buscaban luchar contra el fascismo, mientras se permitía que Alemania e Italia introdujeran tropas y armamento, pues su apoyo era firme y sin restricciones al ejército franquista. Las denuncias del gobierno español ante la Sociedad de Naciones de Ginebra fueron sistemáticamente ignoradas, desentendiéndose de cualquier propuesta o resolución contra las potencias agresoras.

Tal proceder, que daba alas al fascismo gracias a la connivencia de las democracias occidentales, llevó a Machado a afirmar que «ya es voz unánime de la conciencia universal que el pacto de *no intervención en España* constituye una de las iniquidades más grandes que registra la historia» (3 de mayo de 1938), y a censurar a los gobernantes de Londres y París pues «contribuyen esos hombres a degradar a sus pueblos, presentándolos ante el mundo entero, desde la alta tribuna de Ginebra, como cómplices de una probada injusticia; como torpes disimuladores de una iniquidad sin ejemplo en la Historia» (22 de mayo de 1938). Ataques en los que el poeta sabía diferenciar claramente entre los gobiernos conservadores cómplices del fascismo y sus pueblos, solidarios con la causa republicana. La columna publicada el 10 de noviembre de 1938 constituye una acertada crítica a la política contemporizadora del primer ministro británico Chamberlain frente a Adolf Hitler y las dramáticas consecuencias que ello supondría para España y para Europa: «cuando *sir* Neville Chamberlain y su jovial compadre *monsieur* Daladier, dicen que se ha conseguido que la guerra de España deje de ser una amenaza para la paz de Europa, no se sabe a quién pretenden engañar, porque no hay nadie tan palurdo sobre el planeta que comulgue con esa rueda de molino. Es ahora cuando los intereses vitales de Francia y de Inglaterra han de aparecer más directamente amenazados».

Sus afilados comentarios contra la Sociedad de Naciones fueron igualmente recurrentes, y así el 27 de marzo señalaba que pese a haber sido creada «para defender la paz a todo trance, es una entidad perfectamente hueca y que carece de todo sentido», y aún peor, «es el equívoco criminal que mantienen los poderosos, armados hasta los dientes, para conservar la injusticia y acelerar la ruina de los inermes o insuficientemente armados. Cuando alguno de ellos grite: "¡Justicia!", se le contestará con un encogimiento de hombros; y si añade: "Pedimos armas para defendernos de la iniquidad", se le dirá cariñosamente: "Paz, hermano. Nuestra misión es asegurar la paz que tú perturbas, reducir la guerra a un mínimum en el mundo. Nosotros no daremos nunca armas a los débiles; procuraremos que los exterminen cuanto antes"». Y en otra de sus columnas explicaba: «la traducción ginebrina reza así: "Defendemos la paz como finalidad suprema, la paz todo trance y ello por el camino más corto, que es naturalmente el del exterminio de los débiles, es decir defendemos la paz para mantener el imperio de la iniquidad"».

Por supuesto, Machado era consciente del papel desempeñado por los grandes medios de prensa en manos del poder: «gran parte de la prensa, a cuyo cargo está la labor de formar la opinión, sirve a intereses de clase sin patria, cuando no a intereses fascistas, literalmente vendida al adversario. En Francia no es un secreto para nadie la cantidad que invierte Alemania en la compra de plumas mercenarias». Y apuntaba al desenlace de una guerra europea y que «el naufragio moral de las llamadas democracias del occidente europeo sería un hecho irremediable».

Durante los casi diez meses que residió en Barcelona el escritor vivió bastante aislado. Firmó algunos manifiestos pero no asistió a mítines ni a actos públicos. Tras su paso por el Hotel Majestic la familia Machado fue alojada en la torre Castanyer, un antiguo palacete requisado a María de la Consolación Vidal, marquesa de Moragas. En este retiro autoimpuesto el poeta se reunía con algunos amigos como el filósofo Joaquim Xirau, quien lo recordaría «físicamente decaído» pero con «la cabeza firme y el espíritu sano, lleno de bondad», o el escritor Luis Capdevila para quien la torre Castanyer «que en tiempos de paz debió ser elegante y confortable» con la guerra se había vuelto «inhospitalaria, adusta, repelente. Hacía frío. No funcionaba la calefacción y la luz, lívida y temblona lo hacía a intermitencias». En ese ambiente Capdevilla escribió que «don Antonio estaba desconocido, era ya irremisiblemente viejo. Tenía la faz chupada y con barba de tres o cuatro días; usaba gafas (...) iba sin corbata y vestía un viejo gabán. Andaba lentamente, arrastrando los pies».

Para algunas de sus colaboraciones Machado echó mano de su autor apócrifo Juan de Mairena, con el que en otro tiempo tejía argumentaciones de orden poético, retórico o filosófico, pero al que en el contexto de la guerra implicó con «un discurso más práctico e inmediato, más pragmático y más actual, a la vez que más ideológico y didáctico: el discurso de la paz, de la libertad, de la solidaridad y de la comprensión internacional», según explica el periodista e investigador Josep Maria Casasús.

En uno de sus escritos Machado lamentaba «no haber meditado bastante sobre política. Pertenezco a una generación que se llamó a sí misma *apolítica*, que cometió el grave error de no ver sino un aspecto negativo de la política, de ignorar que la política podía ser algún día una actividad esencialísima, de vida o muerte, para nuestra patria». Esa toma de conciencia radicalizó su compromiso y su discurso a medida que la situación para la República se volvía más insostenible. Reflejo de ello es su texto del 23 de julio en el que tras pedir disculpas por haberse apartado «del tema concreto que me propuse tratar: las bombas criminales sobre las ciudades abiertas», se justificaba aclarando que «escribo a la luz de una vela, en plena alarma, y son estas mismas aborrecibles bombas que están cayendo sobre nuestros techos las que me inspiran estas reflexiones».

El 28 de octubre de 1938 Barcelona amaneció con pancartas y carteles alusivos a las Brigadas Internacionales. Bajo el lema *Caballeros de la libertad del mundo: ¡buen camino!*, tuvo lugar un desfile de despedida a los brigadistas que aún permanecían en España. Fue el mayor acto de homenaje que recibirían antes de su partida. Un día después *La Vanguardia* publicó unas notas de Machado, dedicadas a estos voluntarios, en las que aseguraba que «la España verdadera que es la España fiel al Gobierno de su República nunca podrá olvidaros: en su alma llevan escritos vuestros nombres: ella sabe bien que el haber merecido vuestro auxilio, vuestra ayuda generosa y desinteresada, es uno de los más altos timbres de gloria que pueden ostentar».

En la madrugada del lunes 23 de enero de 1939, cuando la brutal ofensiva franquista se cerraba sobre Barcelona y el gobierno de la República recomendaba la evacuación, un convoy de ambulancias partió de la capital catalana con la familia Machado a bordo junto a otros intelectuales. El jueves 26, día en que cayó Barcelona, el grupo salió hacia Portbou: Antonio Machado con la salud ya muy deteriorada, su madre, con 84 años y también enferma, su hermano José, su cuñada Matea, y el escritor Corpus Barga. Llegaron agotados, tuvieron que hacer el último tramo a pie y, solo gracias a las gestiones de Barga que contaba con residencia francesa, se les permitió cruzar la frontera. Esa noche durmieron en un vagón estacionado en vía muerta de la estación de Cerbère, y al día siguiente lograron llegar en tren hasta Colliure donde el grupo encontró albergue en Hotel Bougnol-Quintana. Allí quedaron a la espera de una ayuda que nunca llegó. Antonio Machado murió el 22 de febrero, con 63 años, y su madre Ana Ruiz tres días después. De algún modo lo había dejado escrito: «Y cuando llegue el día del último viaje / y esté al partir la nave que nunca ha de tornar, / me encontraréis ligero de equipaje, / casi desnudo, como los hijos de la mar».

En 2025 se cumplirá el 150 aniversario del nacimiento de Antonio Machado. Ediciones Dyskolo quiere sumarse a esta celebración con el presente libro que recoge los 29 artículos que el poeta publicó en La Vanguardia *entre julio de 1937 y enero de 1939, a partir de los originales digitalizados y archivados en la Hemeroteca de este diario.*

El poeta y el pueblo
Sobre la defensa y difusión de la cultura

Cuando alguien me preguntó, hace ya muchos años, ¿piensa usted que el poeta debe escribir para el pueblo, o permanecer encerrado *en su torre de marfil* —era el tópico al uso de aquellos días— consagrado a una actividad aristocrática en esferas de la cultura sólo accesibles a una minoría selecta?, yo contesté con estas palabras, que a muchos parecieron un tanto ingenuas: «Escribir para el pueblo —decía un maestro— ¡qué más quisiera yo! Deseoso de escribir para el pueblo, aprendí de él cuanto pude, mucho menos —claro está— de lo que él sabe. Escribir para el pueblo es, por de pronto, escribir para el hombre de nuestra raza, de nuestra tierra, de nuestra habla, tres cosas de inagotable contenido que no acabamos nunca de conocer. Y es mucho más, porque escribir para el pueblo nos obliga a rebasar las fronteras de nuestra patria, escribir para los hombres de otras razas, de otras tierras y de otras lenguas. Escribir para el pueblo es llamarse Cervantes, en España; Shakespeare, en Inglaterra; Tolstoi, en Rusia. Es el milagro de los genios de la palabra. Tal vez alguno de ellos lo realizó sin saberlo, sin haberlo deseado siquiera. Día llegará en que sea la suprema aspiración del poeta. En cuanto a mí, mero aprendiz de gay-saber, no creo haber pasado de folklorista, aprendiz, a mi modo, de saber popular.

Mi respuesta era la de un español consciente de su hispanidad, que sabe, que necesita saber cómo en España casi todo lo grande es obra del pueblo o para el pueblo, como en España lo esencialmente aristocrático, en cierto modo, es lo popular. En los primeros meses de la guerra que hoy ensangrienta a España, cuando la contienda no había aún perdido su aspecto de mera guerra civil, yo escribí estas palabras que pretenden justificar mi fe democrática, mi creencia en la superioridad del pueblo sobre las clase privilegiadas.

Los milicianos de 1936
Después de puesta su vida tantas veces por su ley al tablero...

I

¿Por qué recuerdo yo esta frase de don Jorge Manrique, siempre que veo, hojeando diarios y revistas, los retratos de nuestros milicianos? Tal vez será porque estos hombres, no precisamente soldados, sino pueblo en armas, tienen en sus rostros el grave ceño y la expresión concentrada o absorta en lo invisible, de quienes, como dice el poeta «ponen al tablero su vida por su ley», se juegan esa moneda única —si se pierde, no hay otra— por una causa hondamente sentida. La verdad es que todos estos milicianos parecen capitanes, tanto es el noble señorío de sus rostros.

II

Cuando una gran ciudad —como Madrid en estos días— vive una experiencia trágica, cambia totalmente de fisonomía, y en ella advertimos un extraño fenómeno, compensador de muchas amarguras: la súbita desaparición del señorito. Y no es que el señorito, como algunos piensan, huya o se esconda, sino que desaparece —literalmente—, se borra, lo borra la tragedia humana, lo borra el hombre. La verdad es que, como decía Juan de Mairena, no hay señoritos, sino más bien «señoritismo», una forma, entre varias, de hombría degradaba, un estilo peculiar de no ser hombre, que puede observarse a veces en individuos de diversas clases sociales, y que nada tiene que ver con los cuellos planchados, las corbatas o el lustre de las botas.

III

Entre nosotros, españoles, nada señoritos por naturaleza, el señoritismo es una enfermedad epidérmica, cuyo origen puede encontrarse acaso en la educación jesuítica, profundamente anticristiana y —digámoslo con orgullo— perfectamente antiespañola. Porque el señoritismo lleva implícita una estimativa errónea y servil, que antepone los hechos sociales más de superficie —signos de clase, hábitos o indumentos— a los valores propiamente dichos, religiosos y humanos. El señoritismo ignora, se complace en ignorar —jesuíticamente— la insuperable dignidad del hombre. El pueblo, en cambio, la conoce y la afirma, en ella tiene su cimiento más firme y la ética popular. «Nadie es más que nadie» reza un adagio de Castilla. ¡Expresión perfecta de modestia y de orgullo! Sí, «nadie es más que nadie» porque a nadie le es dado aventajarse a todos, pues a todo hay quien gane, en circunstancias de lugar y de tiempo. «Nadie es más que nadie», porque —y este es el más hondo sentido de la frase—, por mucho que valga un hombre, nunca tendrá valor más alto que el valor de ser hombre. Así habla Castilla, un pueblo de señores, que siempre ha despreciado al señorito.

IV

Cuando el Cid, el Señor, por obra de una hombría que sus propios enemigos proclaman, se apercibe, en el viejo poema, a romper el cerco que los moros tienen puesto a Valencia, llama a su mujer, doña Jimena, y a sus hijas Elvira y Sol, para que vean «cómo se gana el pan». Con tan divina modestia habla Rodrigo de sus propias hazañas. Es el mismo, empero, que sufre destierro por haberse erguido ante el rey Alfonso y exigiéndole, de hombre a hombre, que jure sobre los Evangelios no deber la corona al fratricidio. Y junto al Cid, gran señor de sí mismo, aparecen en la gesta inmortal aquellos dos infantes de Carrión, cobardes, vanidosos y vengativos; aquellos dos señoritos felones, estampas definitivas de una aristocracia encanallada. Alguien ha señalado, con certero tino, que el Poema del Cid es la lucha entre una democracia naciente y una aristocracia declinante. Yo diría, mejor, entre la hombría castellana y el señoritismo leonés de aquellos tiempos.

V

No faltará quien piense que las sombras de los yernos del Cid acompañan hoy a los ejércitos facciosos y les aconsejan hazañas tan lamentables como aquella del «robledo de Corpes». No afirmaré yo tanto, porque no me gusta denigrar al adversario. Pero creo, con toda el alma, que la sombra de Rodrigo acompaña a nuestros heroicos milicianos y que en el Juicio de Dios que hoy, como entonces, tiene lugar a orillas del Tajo, triunfarán otra vez los mejores. O habrá que faltarle al respeto a la misma divinidad.

* * *

Entre españoles, lo esencial humano se encuentra con la mayor pureza y el más acusado relieve en el alma popular. Yo no sé si puede decirse lo mismo de otros países. Mi folklore no ha traspuesto las fronteras de mi patria. Pero me atrevo a asegurar que en España el prejuicio aristocrático, el de escribir exclusivamente para los mejores, pueda aceptarse y aún convertirse en norma literaria, sólo con esta advertencia: la aristocracia española está en el pueblo, escribiendo para el pueblo se escribe para los mejores. Si quisiéramos piadosamente no excluir del goce de una literatura popular a las llamadas clases altas tendríamos que rebajar el nivel humano y la categoría estética de las obras que hizo suyas el pueblo y entreverarlas con frivolidades y pedanterías. De un modo más o menos consciente es esto lo que muchas veces hicieron nuestros clásicos. Todo cuanto hay de superfluo en *El Quijote* no proviene de concesiones hechas al gusto popular, o como se decía antes, a la necedad del vulgo, sino, por el contrario, a la perversión estética de la corte. Alguien ha dicho con frase desmesurada, inaceptable *ad pedem litera*, pero con profundo sentido de verdad; en nuestra gran literatura casi todo lo que no es folklore es pedantería.

* * *

Pero dejando a un lado el aspecto español o, mejor, españolista de la cuestión que se encierra, a mi juicio, en este claro dilema: o escribimos sin olvidar al pueblo, o sólo escribiremos tonterías, y volviendo al aspecto universal del problema, que es el de la difusión de la cultura, y el de su defensa, voy a leeros palabras de Juan de Mairena, un profesor apócrifo o hipotético, que proyectaba en nuestra patria una *Escuela Popular de Sabiduría Superior*.

La cultura vista desde fuera, como la ven quienes nunca contribuyeron a crearla, puede aparecer como un caudal en numerario o mercancías, el cual, repartido entre muchos, entre los más, no es suficiente para enriquecer a nadie. La difusión de la cultura sería para los que así piensan —si esto es pensar— un despilfarro o dilapidación de la cultura, realmente lamentable. ¡Esto es tan lógico!... Pero es extraño que sean, a veces, los antimarxistas, que combaten la interpretación materialista de la Historia, quienes expongan una concepción tan espesamente materialista de la difusión cultural.

En efecto, la cultura vista desde fuera, como si dijéramos desde la ignorancia o, también, desde la pedantería, puede aparecer como un tesoro cuya posesión y custodia sean el privilegio de unos pocos; y el ansia de cultura que siente el pueblo, y que nosotros quisiéramos contribuir a aumentar en el pueblo, aparecería como la amenaza a un sagrado depósito. Pero nosotros, que vemos la cultura desde dentro, quiero decir desde el hombre mismo, no pensamos ni en el caudal, ni el tesoro, ni en el depósito de la cultura, como en fondos o existencias que puedan acapararse, por un lado, o, por otro, repartirse a voleo, mucho menos que puedan ser entrados a saco por las turbas. Para nosotros, defender y difundir la cultura es una misma cosa: aumentar en el mundo el humano tesoro de conciencia vigilante. ¿Cómo? Despertando al dormido. Y mientras mayor sea el número de despiertos...

Para mí —decía Juan de Mairena— sólo habría una razón atendible contra una gran difusión de la cultura —o tránsito de la cultura concentrada en un estrecho círculo de elegidos o privilegiados a otros ámbitos más extensos— si averiguásemos que el principio de Carnot-Clausius, rige también para esa clase de energía espiritual que despierta al durmiente. En ese caso, habríamos de proceder con sumo tiento; porque una difusión de la cultura implicaría, a fin de cuentas, una degradación de la misma que la hiciese prácticamente inútil. Pero nada hay averiguado, a mi juicio, sobre este particular. Nada serio podríamos oponer a una tesis contraria que, de acuerdo con la más acusada apariencia, afirmase la constante reversibilidad de la energía espiritual que produce la cultura.

* * *

Para nosotros, la cultura ni proviene de energía que se degrada al propagarse, ni es caudal que se aminore al repartirse; su defensa, obra será de actividad generosa que lleva implícitas las dos más hondas paradojas de la ética: sólo se pierde lo que se guarda, sólo se gana lo que se da.

Enseñad al que no sabe; despertad al dormido; llamad a la puerta de todos los corazones, de todas las conciencias; y como tampoco es el hombre para la cultura, sino la cultura para el hombre, para todos los hombres, para cada hombre, de ningún modo un fardo ingente para levantado en vilo por todos los hombres, de tal suerte que tan sólo el peso de la cultura pueda repartirse entre todos; si mañana un vendaval de cinismo, de elementalidad humana, sacude el árbol de la cultura y se lleva algo más que sus hojas secas, no os asustéis. Los árboles demasiado frondosos necesitan perder algunas de sus ramas, en beneficio de sus frutos. Y a falta de una poda sabia y consciente, pudiera ser bueno el huracán.

(*La Vanguardia*, 16 de julio de 1937).

Notas inactuales, a la manera de Juan de Mairena

I

Si tenemos en cuenta la irreversibilidad ideal de lo pasado y la plasticidad de lo futuro, no hay inconveniente en convertir la historia en novela, sin que, por ello, pierda la historia nada esencial, como espejo más o menos limpio de la vida humana. Sólo así podremos sacudir la tiranía de lo anecdótico y de lo circunstancial.

Creemos que no hay suficientes razones para aceptar la fatalidad de lo pasado.

Reconocemos, sin embargo, que los deterministas nunca han de concedernos que lo pasado debió ser de otro modo, ni siquiera que pudo ser de muchos. Porque ellos no admiten libertad para lo futuro, y con doble razón han de negárselo a lo pretérito. Y para no entrar en discusiones, que nos llevarían más allá de nuestro propósito, nos declaramos al margen de la historia y de la novela, meros hombres de fantasía, como Juan de Mairena, cuando decía a sus alumnos: «Tenéis unos padres excelentes, a quienes debéis cariño y respeto; pero, ¿por qué no inventáis otros más excelentes todavía?»

II

Nada os importe —decía Juan de Mairena— ser inactuales, ni decir lo que vosotros pensáis que debió decirse hace veinte años; porque eso será, acaso,

23

lo que puede decirse dentro de otros veinte. Y si aspiráis a la originalidad, huid de los novedosos, de los noveleros y de los arbitristas de toda laya. De cada diez novedades que pretenden descubrirnos, nueve son tonterías. La décima y última, que no es una necedad, resulta a última hora que tampoco es nueva.

III

Quien avanza hacia atrás, huye hacia adelante. Que las espantadas de los reaccionarios no nos cojan desprevenidos, dijo Juan de Mairena hace ya mucho tiempo.

IV

Una mala lectura de Nietzsche fue causa del imperialismo d'annunziano; una mala lectura de D'Annunzio ha hecho posible la Italia de Mussolini, de ese faquín endiosado.

V

Hemos de reconocer que los libros más influyentes en los Estados totalitarios no suelen ser los últimos ni, casi nunca, los mejores. Tal vez por eso, Cervantes embistió contra los libros de caballerías, cuando éstos ya no se escribían en el mundo, porque acaso era entonces cuando producían mayores estragos. El filósofo de la abominable Alemania hitleriana es el Nietzsche malo, borracho de darwinismo, un Nietzsche que ni siquiera es alemán. El último gran filósofo de Alemania, el más escuchado por los doctos, es el casi antípoda de Nietzsche, Martin Heidegger, un metafísico de la humildad. Quienes, como

Heidegger, creen en la profunda dignidad del hombre, no piensan mejorarlo exaltando su animalidad. El hombre heideggeriano es el antipolo del germano de Hitler.

VI

Alemania, la Alemania prusianizada de nuestros días —habla Mairena en 1909— tiene el don de crearse muchos más enemigos de los que necesita para guerrear. Mientras aumenta su fuerza en proporción aritmética, crece en proporción geométrica el número y la fuerza de sus adversarios. En este sentido, es Alemania la gran maestra de la guerra, la creadora de la tensión polémica que hará imposible la paz en el mundo entero. Y el mundo entero decidirá ingratamente, exterminar a su maestra, cuando esta ya sólo aspire a una decorosa jubilación.

VII

Mientras los hombres —decía Juan de Mairena— no sean capaces de querer la paz, es decir, el imperio de la justicia (la que supone una orientación metafísica y un clima moral que todavía no existen y que, acaso, no existan nunca en Occidente), una liga entre naciones para defender la paz a todo trance, es una entidad perfectamente hueca y que carece de todo sentido. Es algo peor. Es el equívoco criminal que mantienen los poderosos, armados hasta los dientes, para conservar la injusticia y acelerar la ruina de los inermes o insuficientemente armados. Cuando alguno de ellos grite: «¡Justicia!», se le contestará con un encogimiento de hombros; y si añade: «Pedimos armas para defendernos de la iniquidad», se le dirá cariñosamente: «Paz, hermano. Nuestra misión es asegurar la paz que tú perturbas, reducir la guerra a un mínimum en el mundo. Nosotros no daremos nunca armas a los débiles; procuraremos que los exterminen cuanto antes».

VIII

Aludiendo a la cuestión española, ha dicho Chamberlain: «No seré yo quien se queme los dedos en esa hoguera». Es una frase perfectamente cínica y perversa. Por fortuna, Inglaterra, un gran pueblo de varones, no puede hacer suya una frase que está pidiendo a gritos el pueblo que abrasó a Sodoma. Porque con ella se quiere dar a entender que Inglaterra no guerreará nunca por la Justicia. Son muchos los ingleses que saben muy bien que eso no es verdad, y que si lo fuera —como indudablemente no lo es— convendría a los ingleses que no lo supiera nadie. La frase es inmoral y torpe, verdaderamente indigna de un inglés.

(*La Vanguardia*, 27 de marzo de 1938).

Apuntes del día

I

Los políticos conservadores de Inglaterra no están, a mi juicio, a la altura de su misión. Cuando los ingleses, tardos pero seguros, se enteren, pedirán estrecha cuenta a sus gobernantes. ¿Llegarán a tiempo de evitar la gran catástrofe del Imperio británico? He aquí el problema que nos planteamos los viejos amigos de Inglaterra, nosotros, por quienes Chamberlain no ha de quemarse nunca los dedos. Porque nosotros pensábamos que el control inglés en el Mediterráneo apuntalaba nuestra independencia, nos prestábamos a ser el contorno benévolo y los guardianes *inermes* de la más importante llave de su Imperio: Gibraltar. Por una ceguera incomprensible y miedo a una revolución fantástica que, aun siendo real, nunca amenazaría los altos intereses de Inglaterra, los viejos conservadores ingleses han hecho, hacen, y aun parece que pretenden seguir haciendo todo lo posible para perder esa llave, para hacerla pasar al bolsillo de sus enemigos más encarnizados. Ellos pretenden ser políticos *realistas*. Pero alguien sostiene que Gibraltar está rodeada de cañones, que nosotros no hubiéramos emplazado nunca; de bases aéreas, terrestres y marítimas, más o menos disfrazadas, y que Inglaterra no es ya la dueña del Estrecho. Para recobrarlo, si esto es posible, tendrá que afrontar la guerra grande; y todo por no haber querido intervenir honradamente y a tiempo en la pequeña, del lado de la justicia.

Los Gobiernos inglés y francés han preferido ayudar a nuestros enemigos, que son también los suyos, con la llamada *no intervención*, y parecen desear nuestro pronto exterminio, para entenderse con los triunfadores. Pero los triunfadores no triunfarían de nosotros únicamente, sino, sobre todo, de Inglaterra y de su aliada Francia, con un ejército en la línea de los Pirineos, dueños del Golfo de Vizcaya, del Estrecho de Gibraltar, de Mallorca, etc.

Hay que reconocer que Hitler y Mussolini son algo más inteligentes o, si queréis, menos estúpidos... Ellos han hinchado el perro de la revolución en España para asustar, cegar y enloquecer a los plutócratas que aún rigen las llamadas democracias. ¿Lo han conseguido? Yo creo que sí, aunque cueste algún trabajo pensarlo. Porque ser engañado por un italiano supone una excesiva carencia de precaución, y serlo por un alemán arguye de estolidez insuperable. Lo cierto es que al Sansón de los mares —¿y al de tierra?— no le han faltado Dalilas de opereta que lo tonsuren. Y mientras le crecen los cabellos... No agotemos el símil. Porque no ha de tratarse, a última hora, de derribar ningún templo, sino de conservarlo. Y es esto lo que va a ser un poco difícil.

II

Míster Chamberlain quiere hacernos creer que ha hecho una hombrada, declarando que estaría al lado de Francia, si esta se viese arrastrada a la guerra por causa de sus compromisos con Checoeslovaquia. Chamberlain sabe muy bien que lo inmediato, para

Alemania, no es Checoeslovaquia, sino España, y que si Francia no se muestra enérgica en la cuestión española, es decir, en la defensa de su frontera y de sus rutas marítimas, no hay el más leve temor de que vaya a la guerra por defender a Checoeslovaquia. No es el honrado e ingenuo Mr. Pickwick, sino Penknife, la hipocresía desmesurada que, a última hora, no engaña a nadie, quien ejerce el Poder en Inglaterra.

III

Entre tanto España, la España auténtica, lucha y trabaja, pensando en la victoria, quiero decir, en ganarla por su propio esfuerzo. Su Gobierno, identificado con el pueblo, no pide auxilio; reclama justicia. España sabe que tiene toda la razón de su parte, y que sus pilotos y sus capitanes están en sus puestos. Sabe muy bien que no son españoles sus enemigos (menos que nadie quienes se decidieron a venderla) y que la victoria o no es nada, o es algo que se da, por añadidura, a quien la merece.

(*La Vanguardia*, 6 de abril 1938).

Mairena póstumo

(Algunas consideraciones sobre la política conservadora de las grandes potencias)

¿Qué diríais vosotros —amigos queridos— de unos gobernantes que, invocando la necesidad de asegurar a todo trance la paz de sus pueblos respectivos, se apercibiesen a una guerra que ellos mismos consideraban inevitable, fatal? Diríais de ellos que carecían de la lógica más elemental, o que pretendían hacernos comulgar con ruedas de molino; que eran hipócritas, dotados de una inocente hipocresía de gato escondido con el rabo fuera. Porque ellos proclamaban la necesidad de la paz, convencidos de que lo verdaderamente necesario era la guerra, para la cual abiertamente se preparaban.

Observad, sin embargo —añadía Juan de Mairena—, que estos gobernantes suelen ser considerados como políticos hábiles y razonables. Y, en verdad, no les faltan razones aparentes. Ellos no quieren la guerra, y de ningún modo la provocarían. Convencidos, empero, de que la guerra es lo ineluctable, lo indefectible, a ella se aperciben. Cuando la guerra llegue, lucharán con entera tranquilidad de conciencia: tendrán todas las simpatías de su parte, por no haber sido ellos los provocadores de la contienda, por ser, en cierto modo, los menos responsables de sus estragos. No olvidéis que a la hora de la paz, si se gana la guerra, se cotiza muy alto el no haber sido provocador. Los políticos hábiles, piensan que esta razón reforzará, a su tiempo, el peso de la espada de Breno, en cuya forja y en cuyo temple se ejercitan.

Pero vosotros podéis hacerme una pregunta que, en vuestro caso, hubiera formulado Don Quijote: «Y esos hombres tan razonables como pacíficos, tan aferrados a la paz como convencidos —y aun convictos— de la fatalidad de la guerra, ¿cuándo creerán que ha llegado para ellos el momento de guerrear?» Yo os contestaría sin titubear: «Cuando sean agredidos, o para repeler una agresión inminente». Porque de ese modo, serán los últimos en abrir el templo de Jano, los más tenaces en ofrendar toda suerte de sacrificios a la paz. La humanidad tendrá que agradecerles si no la paz, el haber, al menos, retrasado la guerra. A todo lo cual vosotros podréis replicarme: «Pero esos hombres irán a la guerra tristes y solos (con la soledad de los gallegos del cuento), después de haberlo sacrificado inútilmente todo a la paz, y nada a la justicia, horros de los motivos bélicos que pueden ennoblecer e idealizar una guerra, los cuales son —no hay que dudarlo— de índole altruista. Ellos exclamarán en mil tonos —porque no hay guerra posible sin retórica—: «Luchamos por la libertad del mundo». Habrá que responderles: «Antes de que os pisaran un pie, la libertad del mundo os importaba muy poco. Hollada y escarnecida la visteis en los pueblos vecinos, y os cruzasteis de brazos». Ellos añadirán: «Luchamos por socorrer a los débiles, por defenderlos de la inicua opresión del poder arbitrario y de la fuerza bruta». Habrá que responderles: «No es cierto eso que decís. Cuando los fuertes —tan fuertes como abyectos— asesinaban vilmente a los inermes —los enfermos, las mujeres, los niños—, vosotros apartabais la vista, no por piedad de las víctimas, sino para dejar hacer a los verdugos». ¿No era ese el camino más corto para la paz? «Luchamos por la cultura» —seguirán gritando—; y habrá que responderles: «En mal hora pronunciáis esta palabra. Tan cultos sois vosotros como vuestros adversarios. Tan cultos y tan fieros. ¿Quién sabe si esa cultura, que recabáis como un privilegio, es, en gran parte, lo primero que debierais arrojar al cesto de la basura?»

No sigamos, amigos míos. Porque no conviene abusar de la retórica. El abuso de la retórica consiste en predicar superfluamente al convencido. Dejémoslo aquí. Algún día os demostraré —o pretenderé demostraros— que la paz a ultranza es una falacia burguesa, hija del miedo, del egoísmo y de la estupidez. Ella no evitará la guerra grande: hará que esta sea más grave, cuando llegue, porque habrá despojado a los contendientes de todos los motivos generosos para guerrear, y la guerra entre hombres se convertirá en lucha de fieras. Acaso también veamos claramente que no es la paz un ideal inasequible, pero que nunca lo alcanzaremos si no aprendemos antes a guerrear por el amor y por la justicia. Y que todo lo demás es… política conservadora.

(*La Vanguardia*, 13 de abril de 1938).

Desde el mirador de la guerra (I)

Algunas veces os he dicho —así hablaría hoy Juan de Mairena a sus alumnos— que, en tiempo de guerra, es difícil pensar; porque el pensamiento es esencialmente amoroso y no polémico. Mas tampoco dejé de advertiros que la guerra es, a veces, un gran avivador de conciencias adormiladas, y que aun los despiertos pueden encontrar en ella algunos nuevos motivos de reflexión. Cierto que la guerra reduce el campo de nuestras razones, nos amputa violentamente todas aquellas en que se afincan nuestros adversarios, pero nos obliga a ahondar en las nuestras, no sólo a pulirlas y aguzarlas para convertirlas en proyectiles eficaces. De otro modo, ¿qué razón habría para que los llamados intelectuales tuvieran una labor específicamente suya que realizar en tiempos de guerra?

La gran ventaja que proporciona la guerra al hombre reflexivo es esta: como toda visión requiere distancia, la hoguera de la guerra nos ilumina y nos ayuda a ver la paz, la paz que hemos perdido o que nos han arrebatado y que es la misma, aproximadamente, que conservan las naciones vecinas. Y vemos que la paz es algo terrible, monstruoso y tan hueco de virtudes humanas como repleto de los más feroces motivos polémicos. Y ello hasta tal punto que no habría excesiva paradoja en afirmar: lo que llamamos guerra es, para muchos hombres, un mal menor, una guerra menor, una tregua de esa monstruosa contienda que llamamos *la paz*. Os pondré un ejemplo impresionante para ilustrar mi tesis y elevarla al alcance de vuestras cortas luces. En los países más prósperos —no hablo de España—, grandes potencias financieras, comerciales, fabriles, etc., hay millones de obreros sin trabajo que se mueren literalmente de hambre o arrastran una existencia tan mísera como las pensiones que les asignan sus gobiernos. En el seno de una paz ubérrima, de una paz que se dice consagrada a sostener y aumentar el bienestar del pueblo, que permite a esas naciones llamarse a sí mismas potencias de primer orden, hay muchos hombres que carecen de pan. Mas si la guerra estalla, esos mismos hombres tendrán muy pronto pan, carne, vino y hasta café y tabaco. No ahondemos por de pronto en el hecho; formulemos esta pregunta: ¿no es extraño que sea precisamente la guerra, la guerra infecunda y destructora la que eche de comer al hambriento, vista y calce al desnudo, y hasta enseñe al que no sabe, porque la guerra no se hace sin un mínimun de técnica, que es fuerza aprender al son de los tambores? Colocados en este mirador —el que nos proporciona la guerra—, claramente vemos que lo terriblemente monstruoso es lo que llamamos paz. El mero hecho de que haya trabajadores parados en la paz, que encuentran, a cambio de sus vidas —claro está— trabajo y sustento en la guerra, en el fondo de las trincheras, en el manejo de los cañones, y en la producción a destajo de máquinas destructoras y gases homicidas, es un lindo tema de reflexión para los pacifistas. Porque esto quiere decir que toda la actividad creadora de la: paz tenía —vista a grandes rasgos— una finalidad guerrera y acumulaba recursos cuantiosísimos e insospechados para poderse permitir el lujo terrible de la guerra infecunda, destructora, etc., etc. Ni una palabra más sobre este tema, porque ello sería abusar de la retórica, es decir, de la predicación al convencido. Veamos otro aspecto de la cuestión.

Seguimos en el mirador de la guerra. Veamos el caso de una nación como la nuestra, *pobre y honrada* (unamos estas dos palabras por diezmillonésima vez con perdón de la memoria de Valle-Inclán y olvidando la amarga ironía cervantina), una nación donde las cosas suelen estar algo mejor por dentro que por fuera. En ella unos cuantos hombres de buena fe, nada extremistas, nada revolucionarios, tuvieron la insólita ocurrencia, en las esferas del gobierno, de gobernar con un sentido de porvenir, aceptando, sinceramente, como bases de sus programas políticos, un mínimun de las más justas aspiraciones populares, entre otras la usuraria pretensión de que el pan y la cultura estuvieran un poco al alcance del pueblo. Se pretendía gobernar no sólo en el sentido de la justicia, sino en provecho de la mayoría de nuestros indígenas. Inmediatamente vimos que la paz era el feudo de los injustos, de los crueles y de los menos. Y sucedió lo que todos sabemos: primero, la calumnia insidiosa y el odio implacable a aquellos honrados políticos, después la rebelión hipócrita de los militares, luego la rebelión descarnada, la traición y la venta de la patria de todos para salvar los intereses de unos cuantos. Y vosotros me diréis: ¿cómo es esto posible? Yo os contestaré: el porqué de esa monstruosidad se ve muy claro desde el mirador de la guerra. La paz circundante es un equilibrio entre fieras y un compromiso entre gitanos (perdón, ¡pobres gitanos!), llamémosle mejor un *gentleman agreement*. La corriente belicista es la más profunda en todo el Occidente —aceptemos la palabra en el sentido germánico— porque su cultura es preponderantemente polémica. Esta corriente arrastra a todas las grandes naciones que se definen como grandes potencias. Todas están convencidas —con razón o sin ella— de la fatalidad de la guerra y a ella se aperciben. Pero los unos afectan creer en la posibilidad de la paz, los otros en la alegría de guerrear. La guerra —en el sentido militar de la palabra— se cotiza como amenaza y como medio de chantaje antes de ser un hecho irremediable. España es una pieza en el tablero para la bélica partida, sin gran importancia por sí misma, importantísima, no obstante, por el lugar que ocupa. ¡Que nadie toque a ese peón! Dicho de otro modo: la independencia de España es sagrada. Tal era la voz de nuestros amigos, convencidos de que ese peón guarda la llave de un imperio, la frontera terrestre y las rutas marítimas de otro. Era un poco inocente pensar que ese peón iba a ser intangible. Ningún español había tan imbécil que lo pensara. Y ocurrió lo inevitable. Dos grandes potencias lo amenazaron, primero; se propusieron eliminarlo, después. Con la noble España quedan condenados a muerte dos grandes imperios. Los españoles pensamos ingenuamente que la España propiamente dicha, no la que se vendía y se entregaba a la codicia extranjera, tendría de su parte a esos dos grandes imperios, puesto que los altos intereses de estos coincidían con los hispánicos. No fue así. La lógica de los hechos era otra. Ambos concertaron la fórmula de no intervención con permiso y participación de sus adversarios. «Que la guerra. se detenga en las fronteras de España, que no surja de ella, antes de tiempo, la gran conflagración universal; que nuestros enemigos esperen hasta que nosotros podamos aniquilarlos». ¿Algo tan lógico como ingenuo? ¿Ingenuo? No es demasiado. Porque ellos supieron muy pronto que sus enemigos no esperaban. La guerra iba decididamente contra ellos. Y entonces los pobres españoles pensamos que el patriotismo nacionalista estaría de nuestra parte. Pero el patriotismo no era ya nacionalista; en esos dos grandes imperios, vulgo grandes democracias, es hoy lo que, en el fondo, había sido siempre: un sentimiento popular y una palabra en labios de los acaparadores de la riqueza y del poder. El patriotismo verdadero de esas dos grandes democracias, que es el del pueblo, está decididamente con nosotros, pero quienes disponen aún de los destinos nacionales están en contra nuestra. Ellos conservan todavía sus antifaces, superfluos de puro transparentes, y pretenden engañar a sus pueblos y engañarnos a nosotros. En verdad no engañan a nadie. Ellos, los acaparadores del poder y la riqueza, los dueños de una paz que quisieran conservar *á outrance*, han concedido demasiado a sus adversarios para que sus pueblos no lo adviertan, y hoy están a dos pasos de ser dentro de casa motejados de traidores. El juego, por lo demás, era harto burdo para engañar un solo momento a quienes lo veían desde fuera. Ya es voz unánime de la conciencia universal que el pacto de *no intervención en España* constituye una de las iniquidades más grandes que registra la historia.

Desde el mirador de la guerra se ven otras muchas iniquidades. De la mayor de todas hablaremos otro día.

(*La Vanguardia*, 3 de mayo de 1938).

Desde el mirador de la guerra (II)

Cuando vemos desde el mirador de la guerra la llamada política conservadora que domina hoy los Estados, no las naciones, de las llamadas democracias, advertimos claramente toda su ceguera, toda su insuperable estolidez. Los hombres que representan esta política (poned aquí los nombres que queráis sin reparar en su filiación de partido) no vacilan en divorciarse de sus pueblos, en permitir que sean éstos amenazados, lesionados y hasta invadidos, con tal de poner a salvo los intereses de una clase privilegiada. La posición es un poco absurda, porque una clase privilegiada no puede llegar hasta el sacrificio... de todas las demás; pero, al fin, no es tan nueva en el mundo, que sea para nosotros motivo de escándalo. Lo verdaderamente monstruoso es que esos hombres sigan simulando echar sus viejas cuentas, como si entre el año 14 y el año 38 de nuestro siglo no hubiese pasado nada sobre el mísero planeta que habitamos. Su actitud ante una posible (para ellos inevitable) guerra grande es, agravada por el tiempo, aproximadamente la misma que tuvieron en vísperas de la guerra europea. Ellos nos hablan, como entonces hablaban, en nombre de sus respectivos países, como si ellos fueran los representantes legítimos de entidades compactas, suficientemente unificadas para ser arrastradas a una guerra mortífera, bajo el mismo uniforme y la misma denominación (franceses, ingleses, etc.), sin cambio alguno de la estructura social, en el momento de ser atacados por otras naciones no menos compactas, no menos unificadas, donde las discordias interiores se apagan al sonar los primeros tambores. En el año 14 la guerra, con todos sus horrores, fue una admirable simplificación de las contiendas íntimas, una tregua sangrienta de la paz. El mismo crimen que eliminó a Jaurés se silbó por superfluo. Jaurés era —¡cuántas veces se dijo!— francés antes que socialista, y nada había que temer de su influencia sobre las masas proletarias. Pero los políticos conservadores de nuestros días saben muy bien que esto ya no es posible. Lo saben y ni siquiera tienen el pudor de ocultarlo. Siguen, no obstante, y seguirán ahuecando la voz para hablar como antaño: «En los momentos decisivos, para los cuales activamente nos apercibimos, contamos con enorme provisión de materias primas destinadas a industrias de guerra, con fábricas cuyo trabajo para la guerra será incesante, el enorme poder de nuestras escuadras, la fecundidad de nuestras mujeres y el material humano difícil de mantener en la paz, pero de oportuno empleo y fácil consumo en las horas marciales. Y todo ello arderá en la gran hoguera cuando llegue su día. Que nadie atente a la integridad de nuestro territorio, a la independencia de nuestra nación, a la intangibilidad de nuestro Imperio colonial sea obstáculo a su futuro engrandecimiento». Todas estas palabras suenan hoy a retórica hueca, puesto que no contienen ya un átomo de verdad en labios de quienes las pronuncian. Porque sus pueblos saben, y ellos mismos no ignoran, lo siguiente:

Primero: Que estos políticos conservadores sólo representan a una clase que lleva el escudo al brazo, una plutocracia en posición defensiva cuyo cimiento no tiene la firmeza que tuvo en otros días.

Segundo: Que sus adversarios, los políticos que definen, alientan o impulsan una política amenazadora (un Mussolini, un Hitler), son algo más cínicos que ellos, pero acaso menos estúpidos y que les asiste en sus pueblos una corriente de opinión más considerable. Son hombres, también, con el escudo al brazo, pero representan el momento de la suprema tensión defensiva de la burguesía (fascio) que se permite el lujo de la agresión. *Espíritu de miedo envuelto en ira*, que dijo nuestro Herrera.

Tercero: Que ellos, los políticos conservadores de las grandes democracias, tienden a simpatizar, necesariamente, con los jefes francamente imperialistas de los países adversarios, porque son lobos de la misma camada; dicho de otro modo, defensores de una misma causa: el apuntalamiento del edificio burgués, minado en sus cimientos.

Cuarto: Que el pacto a que ellos tienden es un pacto entre entidades polémicas, un pacto entre fieras, y las fieras sólo pueden ponerse de acuerdo en dos cosas: o para devorar al débil o para devorarse entre sí.

Quinto: Que ellos, dadas su ideología y su estructura moral y dado el ambiente en que operan, no pueden escaparse de esta terrible alternativa.

Sexto: Que su posición es hoy más falsa que nunca, más falsa y más débil que las de sus antagonistas, los jefes de las naciones desvergonzadamente imperiales, porque carecen de milicias voluntarias que los amparen. Representan plutocracias engastadas en pueblos de tendencia realmente liberal y democrática y no pueden aspirar a cambiar el sentido de la corriente más impetuosa y profunda de sus pueblos.

Séptimo: Que su actuación política es, no ya superflua, sino perjudicial a sus naciones, porque ella oscila necesariamente entre la amenaza y la claudicación; la amenaza que irrita al enemigo y refuerza sus resortes polémicos, y la claudicación que deshonra a los pueblos y los entrega moralmente vencidos al adversario.

Octavo: Que ellos no pueden responder a estas preguntas: ¿Adónde vamos? ¿Qué camino es el nuestro en el futuro histórico? Que ellos contribuyen a poner un tupido velo de mentiras ante los ojos de sus pueblos. Porque ellos ignoran —o aparentan ignorar— el hecho ingente de la Revolución Rusa y pretenden que se vea en ella un poder demoníaco y un foco de infección que puede contaminar a sus pueblos, en lo cual están de perfecto acuerdo con los llamados fascistas. Y pretenden, sobre todo, que nadie vea en Moscú, el aborrecido Moscú, el faro único de la historia que hoy puede iluminar el camino futuro. Les aterra sobre todo —reparadlo bien— que la gran Revolución Rusa haya pasado de su período demoledor al creador y constructivo, y que lo que allí se hace sea la experiencia maravillosa de una nueva forma de convivencia humana.

Noveno: Que, honradamente, sólo pueden hacer una cosa: retirarse a su vida privada de cazadores aristocráticos o de no menos distinguidos pescadores de caña, y dejar los puestos de pilotos que hoy ocupan a los hombres que tengan la conciencia integral de sus pueblos, de su ruta y de su porvenir, porque sólo a éstos incumbe la heroica faena y la terrible responsabilidad del timón.

Y no sigo, por ahora, enumerando, porque no aspiro a los trece puntos, número sagrado para nosotros, después del insuperable manifiesto del doctor Negrín.

Dejemos para otro día el tratar de la *diplomacia conservadora*, que tanto hubiera hecho reír a un Maquiavelo, y que tanto nos recuerda los versos del coplero español:

> *Cuando los gitanos tratan,*
> *es la mentira inocente:*
> *se miente y no se engañan.*

(*La Vanguardia*, 14 de mayo de 1938).

Desde el mirador de la guerra (III)

Uno de los errores más graves de la política conservadora de las llamadas grandes democracias (entran en ella todos cuantos la hacen cualquiera sea su denominación de partido) consiste en creer que puede permitirse el ser infiel a su máscara y el lujo de una iniquidad desvergonzada sin que la Historia, en plazo más o menos breve, le pida estrecha cuenta de su conducta. Confía demasiado en sus recursos materiales —los que posee y los que procura agenciarse— y se entrega a la gran corriente de cinismo que invade el mundo, alardeando, como sus adversarios, de una actuación realista, y reconociendo, implícitamente, que una política cimentada en principios éticos sería una política de ilusiones.

Las grandes democracias para quienes la guerra es lo indefectible, se preparan mal para la guerra. Los hombres que las representan descuidan, malgastan o anulan anticipadamente su retórica (entiendo por retórica el empleo de la palabra para convencer al prójimo y persuadirle de las propias razones), descuidan, digo, su retórica y la despojan de toda virtud suasoria al ajustar su conducta burdamente a normas dictadas por la retórica del adversario.

Cuando Álvarez del Vayo, nuestro representante en Ginebra, pronuncia ante la Sociedad de las Naciones un alegato repleto de dignidad y de lógica, todo él conducido a probar de un modo perfecto la actuación hipócrita y perversa de quienes, habiendo propuesto la *no intervención en España*, ayudan a los agresores intervencionistas y privan al agredido de su derecho incontestable: el de procurarse los medios para su defensa, los representantes de Inglaterra y de Francia, Lord Halifax y su compadre M. Bonnet, responden con sendos discursos, escritos de antemano, en que ni se intenta una refutación, con dos piezas de vulgarísima oratoria diplomática, que ni siquiera pretende convencer a nadie. ¿Qué importan las razones ante los hechos que consuma la fuerza? No perdamos el tiempo. Porque no es este el único hecho monstruoso a que hemos de dar nuestra aquiescencia. Mas ahí queda, hincado en el blanco, sin agotar su impulso, el discurso de nuestro compatriota, como flecha trémula y vibrante para inquietud y escándalo de conciencias adormiladas; ahí quedan, también, las dos ineptas oraciones de sus colegas, para vergüenza de sus pueblos respectivos y prueba de la nociva inutilidad —casi todo lo inútil es nocivo— de una institución que, fundada para sustituir la fuerza material por la justicia y amparar el derecho de los débiles, mira con indiferencia la ruina de éstos, cuando no contribuye a acelerarla. La voz de España ha sonado serena, cortés y varonil en boca de Alvarez del Vayo. Por fortuna la voz de Francia y de Inglaterra, dos grandes pueblos orgullo de la Historia, no es la que ha sonado en labios de los homúnculos que pretenden representarlos.

Pero nosotros nos preguntamos si el desprecio de las razones y de los principios morales pueden de algún modo contribuir a fortalecer a los pueblos, si aun desde un punto de vista pragmático —que nunca será el nuestro—, quienes amenguan el valor ético de sus pueblos no amenguan también la fuerza de sus resortes polémicos si en una gran contienda puede, a la larga, recaer el triunfo sobre quienes ahincadamente se obstinaron en no merecerlo, en pueblos previamente deshonrados por la abyección de sus hábitos políticos.

Vista panorámicamente, la guerra europea que estalló en 1914, nos parecía a muchos que los recursos marciales, técnicamente organizados, asistían a los imperios teutónicos; pero que algo más fuerte, una superioridad ética basada, cuando menos, en su mayor fidelidad a los tratados convenidos durante la paz y a las normas del derecho de gentes militaba en favor de los aliados. Era una cierta confianza en el triunfo de la justicia lo que mantuvo enhiesto el ánimo de los franco-ingleses en las horas más amargas, una cierta fe en el triunfo del más noble, lo que parecía concitar contra la invasora Germania, deshonrada por su propia conducta, los enemigos más terribles. ¿La simplificación era un poco burda? Acaso. Ya hubo entonces alguien que se preguntó si era la máscara o el rostro de los que se jactaban de combatir por la libertad y por el derecho lo que tan fuerte sugestión ejercía sobre nosotros. Pero no sutilicemos demasiado. Entre la máscara y el rostro hay menos diferencia y por descontado, menos distancia de lo que pensamos. Mucho se ha hablado de la hipocresía de los ingleses. No los midamos con ese metro; busquemos en ellos los valores reales a que esa hipocresía consagra un culto más o menos directo, las firmes *inevitables* virtudes a que esa hipocresía rinde tributo más o menos forzado. Mucho se ha dicho de la pedantería de los alemanes. Cuando Alemania deje de ser pedante —y parece que lleva camino de ello— la turba filistea lapidará sañosamente a sus verdaderos sabios y caerá en cuatro pies, y encontrará demasiado cómoda la postura.

Y volviendo al grano de nuestro cuento, añadiremos, para que todos nos oigan: mal paso ha sido el de la política conservadora de las grandes democracias en Ginebra, como nos muestran el copioso abucheo de la opinión y la agria crítica con que la prensa de todos los matices (sin excluir a la retardataria) la señala y comenta. El sarcástico refrendo de la *no intervención en España*, precisamente allí donde se aportan pruebas abrumadoras de su falsía, ante conciencias saturadas de este amargo convencimiento, es un acto de cínica inverecundia que, a nuestro juicio, no puede realizarse impunemente. Contribuyen esos hombres a degradar a sus pueblos, presentándolos ante el mundo entero, desde la alta tribuna de Ginebra, como cómplices de una probada injusticia; como torpes disimuladores de una iniquidad sin ejemplo en la Historia. (De algo había de servir —digámoslo de pasada— la Sociedad de las Naciones, y no sólo como púlpito donde alguna vez se encarame la hombría de bien para hablar al mundo, sino como lugar donde se pongan de resalto por su propia inepcia cuantas ruines maquinaciones ocultaba el secreto de

47

las cancillerías). Contribuyen estos hombres, tan incapaces de prever y cautelar lo futuro como ingenuos creyentes en la fatalidad de la guerra, a que esta sea realmente ineluctable, porque allí, donde a la razón y a la moral se jubila sólo la bestialidad conserva su empleo. Y por el hecho de haber demorado la inevitable guerra, serán ellos los culpables de su terrible agravamiento.

Por fortuna, aún será tiempo de evitar los daños más irreparables, porque contra la política conservadora de las grandes democracias milita el instinto de conservación de los pueblos.

(*La Vanguardia*, 22 de mayo de 1938).

Desde el mirador de la guerra (IV)

Parece evidente que la política conservadora de Inglaterra y, en cierto modo, la francesa que le es tributaria y por ella conducida a remolque, es una política de clase, en pugna con la totalidad de los intereses nacionales, los de ambos imperios (el inglés y el francés), pero que, no obstante, se presenta ante el mundo y ante sus pueblos respectivos como política nacional. Es esto lo que vengo diciendo desde hace varios meses. Soy yo el primer convencido de mi insignificancia como escritor político, y no ignoro que mi opinión carece de toda importancia. Ni siquiera contaría con mi adhesión decidida, si algo muy parecido no lo hubiera sostenido, hace muy pocos días, nada menos que sir Norman Angell, un «premio Nobel de la Paz» y una autoridad suprema como tratadista de política internacional. Mas no me complace tanto el éxito de una coincidencia a que nunca aspiré como el haber, merced a ella, encontrado quien cargue, por su mayor solvencia, con la responsabilidad de una opinión tan rotunda. Pero dejemos a un lado todo criterio basado en la autoridad, no sin antes recordar la frase de Mairena: «La verdad es la verdad, dígala Agamenón o su porquero». Parece cierto que la política conservadora de las grandes democracias perjudica a sus pueblos. Por su torpeza, cuando no por su perversidad, esta política ha consentido y aun coadyuvado a que dos grandes naciones, dos grandes imperios, hayan perdido ante sus adversarios ventajas que su posición geográfica y su historia les habían deparado. Es evidente que una España sometida a la influencia, cuando no al completo dominio, de Alemania y de Italia, supone, para Francia, una frontera más que defender y una esencialísima vía marítima perdida o interceptada a sus tropas coloniales, imprescindible en el caso de una guerra que obligue a la defensa de la metrópolis; supone, para Inglaterra, por lo menos, la puesta en litigio de su hegemonía en el Mediterráneo, la pérdida probable de la más importante llave de su Imperio. El gobierno inglés, no obstante, y obligado acólito, el de la República Francesa, no sólo no han hecho nada para evitar estos peligros, sino que han contribuido con la llamada no intervención en la guerra de España (que es una decidida y obstinada intervención en favor de los invasores de nuestra península) a su más terrible agravamiento. Tal es la abominable guerra que brindan a sus pueblos respectivos, mientras, por otro lado, fuerzan el ritmo de los preparativos bélicos en proporciones vertiginosas. Norman Angell ha señalado agudamente esta contradicción. «Inglaterra, viene a decir, se arma hasta los dientes contra Alemania, convencida de que no otro puede ser su enemigo; Inglaterra aplaude, alienta y ayuda a Alemania en su tarea para adquirir ventajas para una próxima, acaso inminente contienda contra la Gran Bretaña». Para una mentalidad alemana —habla Juan de Mairena— la contradicción sería más aparente que real; todo se explicaría fácilmente con sólo reparar en que la «voluntad de poderío» no puede ejercitarse contra pigmeos ni contra enemigos descuidados, insuficientemente apercibidos o desventajosamente colocados para una gran refriega. En pueblos como Inglaterra y Francia, abrumados de sentido común, esta explicación no puede ser válida. Queda la que Norman Angell y otros como él, también muy autorizados, se inclinan a aceptar. Indecisos los gobiernos conservadores entre dos pavuras y dos imanes, germanismo y comunismo, su línea de conducta política es una resultante, no menos indecisa y temblorosa, de su posición de clase, ya que no personal. En ella decide, a última hora, la simpatía por la posición socialmente defensiva, su honda fascistofilia, el poderoso atractivo que ejercen los «totalitarios» sobre las conciencias burguesas. Y esta explicación puede ser, en efecto, la buena, pero hemos de reconocer que ella sólo explica los hechos más o menos lamentables de la turbia actuación conservadora; los explica sin cohonestarlos porque de ningún modo pueden ellos inspirar normas para una conducta política de porvenir, ni conservadora ni progresista. Inglaterra y Francia podrán ser o no ser comunistas en un futuro remoto o inmediato; el comunismo podrá ser para ellas un peligro grave, como piensan algunos, o una solución conservadora del problema social como piensan en la misma Inglaterra otros que ni siquiera son comunistas; pero hay algo que Inglaterra y Francia no podrán ser nunca: amigos de la Alemania hitleriana y de la Italia de Mussolini, sin antes vomitar hasta la última miga del festín de Versalles y, lo que es más grave, sin renunciar a gran parte de sus vastos dominios coloniales. De modo que la contradictoria conducta conservadora, que Angell señala y pretende explicar, arguye en sus mantenedores una torpe visión del porvenir y una absoluta incapacidad política. Porque ellos, los políticos conservadores, deben saber que la Alemania del «führer» y la Italia del Duce son la hostilidad misma contra Inglaterra y Francia, y que sin duda el eje Roma-Berlín y el mismo Berlín y la misma Roma, en cuanto focos de ambición imperial no tiene otra razón de existencia que la aspiración al aniquilamiento de sus rivales. Si se nos rearguye que esos políticos conservadores de Inglaterra y Francia sólo aspiran a hacerse respetar y temer, como lo muestra la cuantía de sus aprestos marciales para mantener la paz como equilibrio de tensiones polémicas —una práctica política del siglo XIX hoy en descrédito—, contestaremos que este mismo equilibrio de fuerzas y esta misma paz de fieras prevenidas y en acecho constante; tampoco puede conseguirse sin el concurso de las energías que dominan en sus pueblos, los cuales no han de inclinarse, por instinto de conservación a conceder ventajas a sus enemigos ni a cambiar la dirección de sus corrientes políticas más impetuosas: las democracias.

En suma, esa política contradictoria a que alude Norman Angell, atenta a los intereses de clase que cede, contemporiza, pacta con el enemigo o ante él claudica, acaso merece menos que nada desde el punto de vista nacional, el nombre de política conservadora, porque nada puede conservar como no sea el nombre que mereció antaño, cuando en verdad conservaba las conquistas del espíritu liberal y progresivo de sus pueblos. Hoy representa una rémora en su camino, la reacción desmedida, que sólo puede conducir, dentro de casa, a la guerra civil; fuera de ella, a la pérdida o al apartamiento de sus aliados naturales, las grandes democracias ricas de porvenir; en el Viejo y Nuevo Continente, las democracias más propiamente dichas cuyos nombres, todos conocemos.

(*La Vanguardia*, 2 de junio de 1938).

Desde el mirador de la guerra (V)

Entre el hacer las cosas bien y el hacerlas mal —solía decir Juan de Mairena cuando oficiaba de inmoralista— hay un *término medio*, a veces aceptable, que consiste en no hacerlas porque, en verdad, mientras las cosas no se hacen, cabe esperar que han de hacerse bien algún día, pero hechas mal, fuerza será, primero, deshacerlas. Por eso, añadía, los malhechores deben ir a presidio.

Reconozcamos que estos conceptos, poco simpáticos en un clima activista como el nuestro, contienen alguna verdad. Hay labores negativas que nos alejan del bien tanto o más que la inactividad o la holganza. Pongamos un ejemplo. Todos pensamos que la Sociedad de las Naciones había de trabajar para que los hechos, que constituyen la conducta de unas naciones con otras, se ajustasen a normas de derecho y nadie pensaba que tan alto fin, como es la paz basada en la justicia, pudiera alcanzarse en breve tiempo. No obstante, mientras la Sociedad de las Naciones trabajase para acercarse a él, sería una institución útil y acreedora a nuestro respeto. Mas la Sociedad de las Naciones aparece como un instrumento en manos de los poderosos, que pretenden cohonestar, merced a ella, las mayores injusticias. Y porque la influencia de la Sociedad de las Naciones ha de ser necesariamente más de índole ética que de coacción material, no por ello han de ser menores los daños que su inepcia ocasione. A la brutalidad de los hechos, la Historia nos tenía habituados. Nos consolaba la esperanza en la realización futura, más o menos remota, del Derecho. La Sociedad de las Naciones nos aleja esta esperanza. Siglos antes que la Sociedad de las Naciones viniese al mundo, se aceptaba como principio incuestionable de Derecho público que la conquista de un pueblo, el hecho bruto de la conquista, no abolía el derecho a la soberanía del soberano despojado, si éste no lo cedía y se obstinaba en mantenerlo. Los pueblos se ajustaron a este principio más de una vez; otras, procuraron soslayarlo; cínicamente nunca fue contradicho. Si la conducta de Ginebra con el pobre Negus de Abisinia se convierte en precedente jurídico, el Derecho público habrá retrocedido varios siglos, por obra y gracia de la Sociedad de las Naciones. Esto quiere decir que la Sociedad de las Naciones es una buena iniciativa fracasada por inepcia de sus ejecutores y que, antes de que esta institución responda a su fin pacifista, será preciso deshacer lo hecho, acaso violentamente, con lo cual la Sociedad pro paz universal tendría en Ginebra una reducción al absurdo en verdad grotesca y desorientadora. Sólo lo bien hecho —en este caso la primitiva concepción de Wilson— puede perdurar; la obra de los malhechores es siempre negativa y abominable.

* * *

Los errores suelen ir forrados de iniquidad. Y viceversa. Las iniquidades suelen ir envainadas en las más torpes expresiones lógicas, de palabra o conducta. Por esto —decía Mairena— es disculpable la crítica acerba que combate los errores como iniquidades, y la otra, de apariencia benévola, que pretende refutar las iniquidades como errores. Porque es difícil distinguir al hombre que mantiene el error del pillo redomado, y al pillo redomado del hombre que se equivocó de medio a medio. Estas reflexiones de Juan de Mairena pudieran escribirse al margen del libro sobre *La naturaleza práctica del error*, obra antifascista por excelencia, como cuantas ha escrito ese viejo amigo de España que es Benedetto Croce.

* * *

Reparad en que la actual Sociedad de las Naciones, sólo propugna un error monstruoso, que es, a su vez, la traducción villana de una idea noble, una verdadera traición. La idea traicionada, vieja como el mundo civilizado, es ésta: «Deseamos la paz supeditada al imperio del amor y la justicia, de ningún modo basada en la iniquidad». Si el *homo sapiens* de Linneo fuera un animal tan esencialmente batallón como incapaz de convivencia amorosa, ¿por qué no dejar que se devore a sí mismo? La guerra sería la forma más gallarda del homicidio y la más eficaz para el pronto y deseable exterminio de la especie. Porque sospechamos que esto no es así, y que la guerra en el estado actual del hombre, carece de todo valor ético y es una rémora en el camino de la justicia, debemos erigirnos en defensores de la paz. La traducción ginebrina reza así: «Defendemos la paz como finalidad suprema, la paz todo trance y ello por el camino más corto, que es naturalmente el del exterminio de los débiles, es decir defendemos la paz para mantener el imperio de la iniquidad».

Llamar hombres honrados *honourable men*, a quienes mantienen este error monstruoso, implica una ironía que excede en mucho a la del Marco Antonio shakespeariano con los asesinos de César.

La verdad es que ni Bruto era una buena persona, ni pueden ser ejemplos de alta moral los hombres que con una mano, envuelta en el guante de la *no intervención*, ayudan a los estranguladores de la República legítima de España, y con la otra no menos enguantada nos indican la puerta de la Sociedad de las Naciones, en previsión del día en que, con los más inicuos hechos consumados, se consideren abolidos nuestros más legítimos derechos.

Por fortuna, ni la República española puede ser yugulada, ni mucho menos puede ser ya la actual y caduca y desorientada institución de Ginebra quien dicte la última palabra en ninguna cuestión de Derecho internacional.

(*La Vanguardia*, 12 de junio de 1938).

Desde el mirador de la guerra (VI)

Hay demasiado polemismo en la paz —decía Juan de Mairena a sus alumnos— para que, de cuando en cuando, no estalle la guerra entre los pueblos, parte como suma y homogenización total de copiosas rencillas, parte también, como acuerdo pacífico o tregua dentro de casa, para que todos los moradores de ella puedan consagrarse, con cierta alegría, a la demolición de la casa vecina. (Donde decimos «casa» léase nación). El hombre, en su aspecto de «Homo faber», es constructor de máquinas, de las fábricas de guerra, con lo cual atiende a dos fines, que él estima humanos: Primero: consagrar los trabajos de la paz a la preparación de la gran contienda. Segundo: aquietar su conciencia, objetivando sus malas pasiones, desubjetivizándolas hasta hacerlas individualmente innocuas. Cierto que esas máquinas serán mucho más destructoras que la quijada asnal que esgrimió Caín: pero no ha de haber más odio en el técnico que las ponga en movimiento que hubo en su constructor. El hombre sobradamente batallón de la civilización occidental va para buena persona, excelente padre de familia, que gana el pan cotidiano contribuyendo, en la modesta medida de sus fuerzas, al futuro aniquilamiento de la especie humana.

* * *

La hipocresía inglesa —decía Juan de Mairena, buen amigo de los ingleses— es la vara con que suelen medir a Inglaterra sus enemigos. Ello implica una grave injusticia. Porque la hipocresía es la sombra de la virtud; y tanto más la sombra de los cuerpos se acentúa, cuanto más intensa es la luz que los ilumina. La hipocresía inglesa es la sombra del puritanismo inglés. Inglaterra es todavía, y acaso ha sido siempre, puritana. Aunque Shakespeare es su mayor poeta, y el más grande acaso de todos los pueblos, su poeta específico es John Milton, que a sí mismo parece retratarse por boca de su Jesús: «born to promote all truth, all righteous things». El puritanismo es un áspero culto a la virtud, hondamente religioso, de estirpe cristiana. Si Inglaterra dejase algún día de ser puritana, alguien diría: ya se quitó la careta. Yo diría, más bien, que se ha quitado el rostro, para mostrarnos la abominable jeta de pueblo de presa de lo que algún día llamaremos, con expresión un tanto equívoca, pero irremediable: una gran potencia totalitaria. Y en el peor caso, siempre será un consuelo para la humanidad el saber que este día coincide con la total decadencia del imperio británico.

* * *

En agudo contraste con Shakespeare, ese gigante creador de conciencias, y con Milton el puritano, dos grandes poetas que son, sin duda, dos grandes hombres, aparece en Inglaterra más tarde, en la cumbre del siglo XVIII. Alejandro Pope, un excelente poeta, a través de cuyos escritos, algunos impecables, se trasluce una mala persona, mejor diré un hombre pequeño, esquinado, resentido, el espolón de cuyo ingenio se afila en la carne del prójimo. Una degeneración suya es el literato de tipo «acreedor», quiero decir de hombre a quien no sabemos porqué, parece que siempre se le debe algo. Se diría que este hombre —que rara vez logra objetivar sus motivos— no coge la pluma sino para vengar algún pequeño agravio personal o reclamar una pequeña deuda. Su agresividad es siempre «ad hominem», pero nunca de radio metafísico, como en nuestro Miguel de Unamuno. Este hombre segrega una cierta baba difusa que todo lo mancha, y en la cual es él mismo quien se anega. Visto a la luz de la guerra, ha de aparecer como un ave de otro clima. En verdad, pertenece al pequeño mundo polémico de la paz.

* * *

«Las más de las veces al vencedor lo hace el vencido», ha dicho el doctor Negrín en su magnífico discurso a la nación española, pronunciado en Madrid hace unos días. La frase, realmente lapidaria, del doctor Negrín tiene hoy un valor de circunstancias que iguala a su valor de verdad universal. Al vencedor lo hace, en efecto el éticamente vencido, el que se adelanta a su derrota con el convencimiento de merecerla. Por fortuna, en la España auténtica, en este rabo por desollar del Viejo Continente, no domina el hombre de esta laya. Tampoco abunda el puro pragmatista, que rinde culto al éxito que hace del éxito la vara con que se miden verdad y virtud, y a quien Cervantes definió con estas palabras de Don Quijote. «Bien se ve, Sancho, que eres villano, de los que dicen: viva quien vence».

El doctor Negrín no mienta en su discurso a nuestro Don Quijote; pero bien claro se ve que como buen español lo lleva en el alma. ¿Quién habla de rendirse —viene a decirnos— cuando estamos luchando contra los traidores de casa y la codicia de fuera? Y estos otros conceptos de estirpe platónica: cuando se lucha por la justicia, ¿quién puede estar «au-dessus de la mêlée»?

(*La Vanguardia*, 25 de junio de 1938).

Saavedra Fajardo y la guerra total

De la guerra decía Saavedra Fajardo: «Cuando está rendida, parece bien esta fiera enemiga de la vida. En ella se declara aquel enigma de Sansón del león vencido en cuya boca, después de muerto, hacían panales las abejas; porque, acabada la guerra, abre la paz el paso al comercio, toma en la mano el arado, ejercita las artes, etc.» Bien se ve (hubiera comentado en nuestros días Juan de Mairena) que Saavedra Fajardo no pudo aludir a la guerra que preparan las grandes potencias, más o menos totalitarias, de nuestro siglo, y que estallará, si Dios no lo remedia, dentro de pocas semanas, o de pocos meses, o de pocos años. Mairena era siempre cauto en sus profecías, muy antes siempre de lo que todos deseáramos. Mas Saavedra Fajardo no era hombre tan ingenuo que, en sus reflexiones sobre la paz y la guerra, nos ofrezca el tema enteramente desproblematizado. En verdad, el pensamiento de Saavedra Fajardo oscila entre latines —él sabía muchos—, entre aforismos clásicos, los cuales, como nuestros refranes, suelen tener sus contrarios. Y este pensar entre sentencias, que es manera de dar gusto a muchos y razón a ninguno, no carece de inconvenientes.

* * *

Lo cierto, es que Saavedra Fajardo, en su *Idea de un príncipe político-cristiano* (menos cristiano que político, con no mucho del Cristo y no poco del

Príncipe, de Maquiavelo), no parece dudar de que la paz sea siempre deseable, y la guerra siempre de temer. Con ello se nos muestra Saavedra Fajardo como hombre de robusto ingenio y de excelente consejo, pero muy alejado de nuestro clima mental.

Leyendo atentamente sus *Empresas políticas*, se advierte, sin embargo, que nuestro buen don Diego acepta el más consagrado de los latines sobre la guerra —o sobre la paz—, el «si vis pacem, para bellum», sin dejar de advertir, alguna vez, lo equívoco de sus consecuencias. Él traducía con sana lógica el concepto latino. Citaré sus palabras: «Porque ha de prevenir la guerra quien desea la paz». Y acaso no se hubiera escandalizado de quien añadiese: para prevenir la guerra y apercibirse a ella, no basta con temerla. Pero de aquí no hubiera pasado. El consejero de un príncipe no puede ser un lógico a ultranza, un «enfant terrible» de la lógica, ni menos un paradojista o destripaterrones de la lógica mostrenca.

* * *

Desde los tiempos de Saavedra Fajardo (la primera mitad del siglo XVII y mediados del reinado vacilante de nuestro cuarto Felipe) hasta nuestros días, ha llovido mucho, y no siempre agua. El acreditado latín tiene hoy esta versión francamente paradójica: «Si quieres la paz has de querer la guerra». Y hay otras versiones más desvergonzadas todavía, en que interviene el pensamiento alemán con sus botas de siete leguas (nunca olvidéis, decía Mairena, ni las leguas ni las botas del pensamiento alemán), para llegar a las fórmulas más impresionantes, por ejemplo: «Amad la guerra, la guerra alegre y fresca, donde ejerce el hombre su voluntad de poder. Sed crueles y vivid en peligro. Concitad la discordia, y creaos cuantos más enemigos podáis». Un paso más, siempre con las citadas botas, y se llega a esto: «Aborreced la paz, toda ella asentada sobre las virtudes de los esclavos. Y en la guerra total contra la paz del mundo, empezad por la eliminación de los más débiles, que son los más pacíficos. Machacad a los niños, etc., etc.»… No sigamos a lomos de tan violenta hipogrifo. Acaso nuestro viaje es más aparente que real. El venerable latinajo, la vieja fórmula pagana sigue en pie, y contra ella se escribirá seriamente algún día.

* * *

Entretanto hagamos vaticinios a la manera de Juan de Mairena, quiero decir, de un profeta que no tuvo nunca la usuraria pretensión de acertar. Por ejemplo: «El Oriente se occidentaliza –no olvidemos nunca el empleo de las frases ingeniosas e impresionantes– al par que el Occidente parece cada vez más desorientado. Cada día, en verdad, sabemos menos por dónde va a salir el sol. La técnica de Occidente y con ella, su cultura harto dinámica, yo diría —mejor— cinética, está obrando horrores fuera y dentro de su casa. Porque, no sólo «se asesinan los hombres en el Extremo Este», como cantaba el gran Rubén Darío (mucho más grande que todo cuanto se ha dicho de él), sino que, también, en el «Extremo

Oeste» se está ensayando con el más vil asesinato de un pueblo que registran los siglos, la reducción al absurdo y al suicidio, más o menos totalitario, de la cultura occidental. Y cuando esta fallezca, como dicen que muere el alacrán cercado por el fuego, ¿qué va a pasar? De bueno y de mal grado, habrá que orientarse un poco. Esperemos que, antes, lleguen los sabios a un mediano acuerdo sobre la rosa de los vientos, y posición aproximada de los cuatro puntos cardinales.

(La Vanguardia, 7 de julio de 1938).

En el 19 de julio de 1938

Por estos días se cumplen los dos años de la *guerra en España*. El 19 de Julio de 1936, numerosas pandillas de militares se levantaron contra el Gobierno de la República española, con las mismas armas que el Estado había depositado en sus manos para la defensa de la nación. Una iniquidad nada insólita, porque la Historia nos había dado ya muchos ejemplos de ella. Pero el hecho era harto más grave. No contentos los facciosos con volver hacia el pueblo las armas que al pueblo mismo habían arrebatado, recabaron el auxilio militar de dos grandes Potencias codiciosas, Alemania e Italia, y de dos pequeños pueblos mediatizados y serviles. España fue vendida al extranjero, y hoy tiene invadidas las dos terceras partes de su territorio. De suerte que la España leal, la España auténtica, lucha contra los traidores de casa y los ladrones de fuera. El hecho es gravísimo, pero tampoco puede asombrarnos. No es la primera vez que un pueblo lucha por su independencia amenazada, y en toda pugna contra invasores extranjeros se lucha, al par, contra la traición de dentro. Pero España pelea también contra la hipocresía diplomática —(esa sí, verdaderamente insuperable e inaudita)— reinante en las esferas del Gobierno de cuatro grandes Potencias, dos de las cuales han merecido muchas veces el título de *democráticas* que todavía ostentan, y otras dos se dicen *totalitarias*, descaradamente enemigas del género humano, más allá de los límites de sus respectivas fronteras. Y todas cuatro se han proclamado *no intervencionistas* en la guerra de España. *Pero dos de ellas* (Italia y Alemania) invaden el territorio español con gran copia de elementos militares —(invasión cobarde y subrepticia, mas no por ello menos evidente)— mientras los Gobiernos y la diplomacia de las otras dos ayudan indirecta y eficazmente a los invasores, aceptándolos como *no intervencionistas*, concediéndoles *patente de corso* para sus abominables piraterías, y privando a España de los medios más legítimos para su defensa. Porque lo cómico es un avivador de lo trágico, yo no vacilo en señalar cuánto ha habido, cuánto hay todavía de ópera bufa en ese flamante Comité de *no intervención*, donde —(con excepción de Rusia, cuya actuación, no exenta de amarga ironía, es siempre noble y desinteresada)— intervienen todos, para el asesinato de un pueblo.

Contra todos lucha, hoy España, la España auténtica, segura de merecer la victoria, y sin que en lo más mínimo se haya entibiado su confianza en obtenerla.

Señores franceses, amigos muy queridos de Francia, personas bien nacidas más allá y más acá de nuestras fronteras: ¿Será más fuerte que todos nosotros la ola de cinismo que invade el mundo? ¿No pensáis que, mientras se siga hablando de *no intervención en España* y de *voluntarios italianos*, se está pidiendo a gritos el fuego que abrasó a Sodoma?

Llegó la hora de intervenir en España. Os lo dice un hombre que no aspira a la más leve significación individual, pero que, en estos momentos, lleva en el corazón a España entera, sin excluir a la que directamente sufre el yugo oprobioso de Hitler y de Mussolini. Llegó la hora de intervenir en España, no en favor de España con vuestros ejércitos y vuestras escuadras, sino en defensa de la libertad y de la justicia (cobarde y brutalmente atropelladas en España), con una política francamente enemiga de antifaces y de cobardías, de equívocos y complacencias con el enemigo. Y tanto más ha llegado la hora de vuestra intervención, cuanto que, con ella, acudiréis en defensa de vuestra frontera y de vuestras rutas marítimas abandonadas, si es que no también enajenadas, como lo fueron las nuestras, por los fascistas de vuestra casa.

(*La Vanguardia*, 19 de julio de 1938).

Para el Congreso de la Paz

Con sumo gusto hubiera acudido a París para dar testimonio de presencia en el grupo de escritores españoles antifacistas, si mi salud, harto quebrantada, lo hubiera consentido. Mis compatriotas saben muy bien que apenas puedo moverme de casa, y ellos lo harán constar entre vosotros. También llevan encargo mío de representaros con la palabra viva, que pierde mucho confiada al papel, cuanto es sincera mi gratitud a vuestras bondades y en cuánto estimo el honor que me habéis conferido al invitarme a vuestras reuniones.

Y ahora unas palabras sobre el tema concreto que a todos nos ocupa:

En verdad, un español que habita hoy en Barcelona, no hace mucho dejó oír su airada protesta contra los bombardeos aéreos de las ciudades abiertas. Puede pensarse de él (¿y cómo no?) que clama en defensa de su propio techo amenazado, de la seguridad de los suyos y aun de su propia persona. ¿Quién, en su caso, no lo haría? Hay más. Los mismos hombres que perpetran estos crímenes abominables tienen también sus casas (en Roma o en Berlín o en Salamanca) como nosotros hoy en Barcelona, en Madrid o en Valencia; tienen, acaso, sus padres (un padre y una madre para cada uno de ellos), sus mujeres, sus hijos, sus hermanos; y sería un hiperbólico abuso de la retórica si afirmásemos que habrían de permanecer insensibles si (a salvo sus personas) presenciaran el exterminio de los suyos con las mismas bombas que ellos están arrojando sobre los nuestros. Es casi seguro que, en este caso, su repulsa no sería mucho menos airada que la nuestra. Esto quiere decir (conviene mirar a la verdad cara a cara) algo que, no por seguirse de premisas perfectamente lógicas, es menos monstruoso; se puede ser *lo que se llama* un buen padre, un buen hijo, un buen esposo, y hasta un excelente vecino, y realizar las faenas más abominables, esos viles asesinatos de niños, enfermos, mujeres y ancianos, los crímenes de lesa humanidad que la guerra palía y la llamada guerra *totalitaria* pretende cohonestar.

* * *

Si la vida es la guerra, decía Juan de Mairena, ¿por qué tanto mimo en la paz? Pero nada hemos de concluir contra el sentido cordial de la vida. Existen afectos humanos muy profundos, cariños paternales, filiales y fraternos, que, aun confinados en los estrechos límites de la familia son depósitos sagrados, cuando no fecundos manantiales de amor. De ningún modo hemos de envenenarlos o contribuir a que se aminoren o extingan. Debemos confesar, sin embargo, que son insuficientes, no ya para asegurar la paz, la cual —digámoslo de pasada— es poca cosa por sí misma y, asentada sobre la iniquidad, muy inferior al estado de guerra, sino para asegurar la amorosa convivencia humana. Y no sólo son insuficientes, sino tales como aparecen, negativos. La familia, esa célula social a que aludía Augusto Comte, cuando carece de un sentido religioso, quiero decir de un sentido cordial de radio infinito, aunque trascienda por mera analogía de los vínculos más estrechos de la sangre, tiende a encerrarse en un contorno arisco y a constituirse en entidad polémica en la cual el egoísmo aparece más acusado que el mero individuo. Y, siguiendo esta ley, son más peleonas las tribus que las familias, las ciudades que las tribus, las naciones que las ciudades, las federaciones de potencias que las naciones mismas, y cuando todos los hombres de un continente o de una raza se unan bajo una misma bandera o un mismo color, constituirán los más abominables equipos de pelea dispuestos a *tomarse* —como decía Don Quijote— con los hombres de otros continentes o de piel diversamente colorida. Tienden los hombres al homicidio en masas cada vez mayores y, para ello, perfeccionan hasta lo infinito la asnal quijada abelicida, que en esto consiste el tercio, por lo menos, de lo que suele llamarse *fecundas actividades* de la paz. Y ello es tan perfectamente lógico como profundamente monstruoso. Lo que se extiende y se generaliza, lo que se objetiva y, en cierto modo, se racionaliza, lo que tiende a *totalizarse*, no es el sentido fraterno de la vida, el amor de hombre a hombre y, en cierto sentido, el culto al hombre esencial, al hombre como capaz de libertad y de superación de sus fatalidades zoológicas, sino estas fatalidades mismas, a saber: el egoísmo genésico y la voluntad de perdurar en el tiempo, con desdeño de todo espiritualidad, su apego al interés material de la especie y, sobre todo, su capacidad para la pugna biológica y para el trabajo puramente cinético.

Sé muy bien lo que digo, aunque acaso no acierte a expresarlo con entera justeza. Una enorme oleada de cinismo o, si os place, mejor, de *realismo*, nos arrastra a todos. La labor dominante de la cultura occidental —sin excluir ni a su ciencia ni a su arte, ni a su metafísica— tiende a despojar al hombre de todos sus atributos divinos… ¡Perdón! Cuando digo *divinos*, quiero decir *humanos*, aquellos por los cuales el hombre excede o se diferencia de otros grupos zoológicos enteramente sometidos a sus fatalidades orgánicas. Y en esta corriente tan esencialmente batallona, que es la guerra misma, ¿cómo pensar que la guerra, ni aun la totalitaria, puede ser enfrenada? Sin la tendencia de sentido contrario, a saber: la amorosa, la ascética, la contemplativa, la espiritual, de la cual sacamos toda nuestra retórica y muy poco de nuestras realidades efectivas, es muy difícil que lleguemos a intentarlo siquiera.

Perdonad que me haya apartado tanto del tema concreto que me propuse tratar: las bombas criminales sobre las ciudades abiertas. Porque escribo a la luz de una vela, en plena alarma, y son estas mismas aborrecibles bombas que están cayendo sobre nuestros techos las que me inspiran estas reflexiones.

(*La Vanguardia*, 23 de julio de 1938).

Desde el mirador de la contienda

I

Casi todo cambia —habla Juan de Mairena a sus alumnos—, sin que esto quiera decir que, como suelen pensar los viejos progresistas, que casi todo haya de mejorar con el tiempo, sin que tampoco ello nos obligue a afirmar lo contrario, a saber, que el cambio en el tiempo sólo supone desgaste y deterioro; porque también en el tiempo florecen los rosales y maduran las brevas. Casi todo cambia, amigos míos, y no digo *todo*, a secas, por quitar rotundidad y *absolutez* a mis afirmaciones y, además, porque hay gran copia de hechos insignificantes, como el de haber nacido en viernes, por ejemplo, que los mismos dioses no podían mudar. Son éstos los hechos por cuya averiguación se pirran los eruditos, ansiosos de verdades inconmovibles y que nosotros desdeñamos con demasiada frecuencia.

Casi todo cambia; digamos mejor que cambia todo lo importante y profundo, y lo que parece quedar como inmutable es puro símbolo. Así pensamos al menos los hombres de fe heraclitana contra el célebre aforismo goethiano que parece afirmar todo lo contrario. Y lo que está más sometido a cambio, amigos míos, es lo que solemos llamar el *pasado histórico*, el cual, en cuanto vive en nuestras almas, es decir, en cuanto es algo, claro está que cambia, además y necesariamente, en función de lo que esperamos y tememos del porvenir. De suerte que lo más modificable, lo más revisable y, en cierto sentido, lo más reversible, es todo aquello que creíamos cumplido y consumado definitivamente en el tiempo. Quedan, en cambio, y se sobreviven, las palabras, los signos con que ayer señalábamos algo muy importante que es hoy muy otra cosa. Bien hacía el príncipe Hamlet en desdeñar las palabras. Él sabía, sin embargo, que nada hay en la vida del hombre que dure tanto como ellas.

II

La cuestión shakesperiana —sigue hablando Mairena a sus alumnos—, la de si hubo o no hubo en tiempos de la reina Isabel un llamado Shakespeare que escribió tantas maravillas, parece responder a que no faltó en Inglaterra un hombre a quien estorbaba la gloria de Shakespeare y que, no pudiendo destruir la obra inmortal, la tomó con su autor, para demostrarnos que aquel hombre tan grande ni siquiera había existido. Si esta versión, un tanto gedeónica, no os satisface, buscaremos otra más seria y verosímil. Por ejemplo: Hubo un inglés que quiso dar a roer cebolla, como vulgarmente se dice, a un compatriota suyo que se jactaba de tener en su familia un tal Shakespeare que había escrito «Hamlet». Y engendró la cuestión shakesperiana para demostrarle que ese Shakespeare no fue un gran poeta sino un burgués insignificante, que no escribía mejor que su portera. Afortunadamente (para que no siempre las malas personas se salgan con la suya) sabemos de Shakespeare, del hombre Shakespeare, tanto como muchos clásicos ingleses de cuya existencia nadie ha dudado todavía.

Así hablaba Juan de Mairena a sus alumnos. En nuestros días, hubiera añadido: «Claro está que el pobre inglés que se gloriaba de tener a Shakespeare en su familia no sería, a su vez, de ninguna de las ilustres familias que mantienen hoy la política de *no intervención en España*».

III

De la política inglesa —sin excluir a la conservadora— se ha dicho frecuentemente que es una política democrática. Se ha dicho siempre con alguna reserva, mas nunca sin alguna razón, porque, al fin, todo es relativo. Es extraño, sin embargo, que se siga diciendo todavía; cuando de esa política aparece totalmente eliminado el *demos*, es decir, las diecinueve vigésimas partes de la total Albión. Si encontráis alguna exageración en mis palabras, pensad que yo incluyo en ese *demos* eliminado a una gran parte de la burguesía, puesto que también se dice, sin bordear demasiado la *contradictio in adjeto*, que hay democracias burguesas, o burguesías democráticas. En suma, como decía Mairena, que las cosas pasan y se mudan mucho antes que las palabras con que las designábamos. Un ejemplo de la dureza, impermeabilidad y resistencia de las palabras a los embates del tiempo, nos la da esa política francesa de *no intervención* en España, tan semejante a la de Mr. Chamberlain, y que ha sido, al fin, la política del ¡Frente Popular!, con M. Blum, ¡un socialista!, a la cabeza.

(Claro que M. Blum ha cohonestado su conducta haciéndonos comprender que él propuso y defendió una verdadera —y no ficticia— *no intervención en España*, porque él ignoraba —aunque no lo dijo, es fuerza suponerlo— lo que sabía todo el mundo: que dos grandes potencias *no intervencionistas* eran, precisamente, los invasores de la Península ibérica).

IV

Asusta pensar hasta qué punto pueden los hombres propugnar la paz y trabajar para la guerra futura, defender el orden social establecido y contribuir a su más implacable subversión; aterra pensar cuánta es la fe de la política europea en la retórica mala, en la virtud de las palabras horras de todo contenido, como parapetos defensivos contra las realidades futuras, como banderas para alistar incautos, o como armas arrojadizas con que achocar al adversario.

(*La Vanguardia*, 9 de agosto de 1938).

Lo que recuerdo yo de Pablo Iglesias

Los que somos ya viejos y empezamos a vivir muy pronto evocamos hoy, como uno de los más decisivos recuerdos de nuestra infancia, la figura, del compañero Iglesias —así se le llamaba entonces—, de aquel joven obrero de palabra ardiente, de elocuencia cordial. Era yo un niño de 13 años; Pablo Iglesias, un hombre en la plenitud de la vida. Recuerdo haberle oído hablar entonces —hacia 1889— en Madrid, probablemente un domingo (¿un Primero de Mayo?), acaso en los jardines del Buen Retiro. No respondo de la exactitud de estos datos, tal vez mal retenidos en la memoria. La memoria es infiel: no sólo borra y confunde, sino que, a veces, inventa, para desorientarnos. De lo único que puedo responder es de la emoción que en mi alma iban despertando las palabras encendidas de Pablo Iglesias. Al escucharle, hacía yo la única honda reflexión que sobre la oratoria puede hacer un niño: «Parece que es verdad lo que ese hombre dice». La voz de Pablo Iglesias tenía para mí el timbre inconfundible —e indefinible— de la verdad humana. Porque antes de Pablo Iglesias habían hablado otros oradores, tal vez más cultos, tal vez más *enterados* o de elocuencia más hábil, de los cuales sólo recuerdo que no hicieron en mí la menor impresión. Debo advertir que, aunque nacido y educado entre universitarios, nada había en mi educación —digámoslo en loor de ella— que me inclinara a pensar que la palabra de un cajista había de ser necesariamente menos interesante que la autorizada por la sabiduría oficial. Quiero decir que no había en mí el menor asombro ante el hecho de que un tipógrafo hablase bien. La palabra es un don —pensaba yo entonces— que reparte Dios algo a capricho, y que no siempre coincide con el reparto de diplomas académicos que hacen los hombres. Para un niño, esto es una verdad muy clara. El tiempo se encarga de enturbiárnosla con múltiples reservas.

Lo cierto es que las palabras de Iglesias tenían para mí una autoridad, que el orador había conquistado con el fuego que en ellas ponía, y que implicaban una revelación muy profunda para el alma de un niño. De todo el discurso, en que sonaba muchas veces el nombre de Marx y el de algunos otros pensadores no menos ilustres, que no podía yo entonces valorar —hoy acaso tampoco—, sacaba yo esta ingenua conclusión infantil: «El mundo en que vivo está mucho peor de lo que yo creía. Mi propia existencia de señorito pobre reposa, al fin, sobre una injusticia. ¡Cuántas existencias más pobres que la mía hay en el mundo, que ni siquiera pueden aspirar, como yo aspiro, a entreabrir algún día, por la propia mano, las puertas de la cultura, de la gloria, de la riqueza misma! Todo mi caudal, ciertamente, está en mi fantasía, mas no por ello deja de ser un privilegio que se debe a la suerte más que al mérito propio».

Mucho he pensado, durante mi vida, sobre esta primera meditación infantil, que debí a las palabras del compañero Iglesias.

Hace muy poco tiempo, un año antes de estallar la rebelión militar, Ilya Ehrenburg, nuestro fraterno amigo, me recitaba en Madrid las coplas de Don Jorge Manrique, que él había traducido al ruso y que yo sabía de memoria en castellano. Muy bien sonaban en la lengua de Tolstoi, y en labios de Ehrenburg, aquello de

> *nuestras vidas son los ríos*
> *que van a dar en la mar,*
> *que es el morir;*

Y aquello otro de

> *allí los ríos caudales*
> *allí los otros medianos*
> *y más chicos,*
> *allegados, son iguales:*
> *los que viven por sus manos*
> *y los ricos.*

Y una reflexión escéptica de muy honda raíz en mi alma, porque arrancaba de otra reflexión infantil, acudía a mi mente. Si los ricos y los que vivimos por nuestras manos —o por nuestras cabezas— somos iguales, allegados a la mar del morir, y el viaje es tan corto, acaso no vale la pena de pelear en el camino. Pero la voz de Ehrenburg me evocaba, también por su vehemencia, las palabras que Pablo Iglesias fulminaba contra las desigualdades del camino, sin mencionar siquiera su brevedad. Y aquella reflexión mía no llegó a formularse en la lengua francesa, que Ehrenburg y yo utilizábamos para entendernos. Porque, decididamente, el compañero Iglesias tenía razón, y el propio Manrique se la hubiera dado. La brevedad del camino en nada amengua el radio infinito de una injusticia. Allí donde esta aparece, nuestro deber es combatirla.

Hace ya algunos años que la voz de Pablo Iglesias ha enmudecido para siempre. Yo la oí por segunda y última vez la tarde en que pedíamos *amnistía* para los ilustres encarcelados de Cartagena. Llegados al monumento a Castelar, donde la manifestación debía disolverse, encaramado en el alto pedestal vimos aparecer a Pablo Iglesias, que nos dirigía la palabra. Las multitudes aplaudíamos. La voz del orador, algo parda y enronquecida, con aliento difícil de fuelle viejo, era todavía —para mí, al menos— la voz del compañero Iglesias, porque en ella aun vibraba aquel su acento inconfundible de humanidad auténtica.

Yo no sé si la voz de Pablo Iglesias se conserva fonográficamente. De todos modos, no seré quien lamente la ausencia de ese disco. Al fonógrafo, tan exacto para registrar lo cuantitativo, las relaciones de más y de menos en la voz humana, escapa siempre lo cualitativo, *ce rien qui est tout*, el timbre que distingue a unas voces de otras. Es la tragedia de la máquina, tan útil, tan necesaria: a ella se escapa lo vivo casi siempre; lo espiritual, nunca lo reproduce.

En cuanto a la voz de Pablo Iglesias, del compañero Iglesias, o, si queréis, del abuelo, yo prefiero escucharla en mi recuerdo o, mejor todavía, en labios de otros hombres no menos auténticos, no menos verdaderos, que aún nos hablan al corazón y a la inteligencia.

(*La Vanguardia*, 16 de agosto de 1938).

Viejas profecías de Juan de Mairena

Lo más terrible de la guerra que se avecina —habla Mairena un año antes de morir, hacia 1909— ha de ser de gran vacuidad de su retórica, y, sobre todo, las consecuencias literarias y artísticas que ella ha de tener una vez terminada. Los hombres saldrán algo idiotizados de las trincheras, preguntándose por qué han guerreado y para qué se guerrea. De un modo más o menos consciente, esta pregunta la hará el arte, el arte literario antes que ninguno —(¿para qué se escribe?, ¿para qué se pinta? y usted ¿para qué esculpe?)— y como no ha de saber responderse, el hombre de la postguerra será un hombre estéticamente desorientado, y dará en el culto del infantilismo, del *non sens*, del primitivismo rezagado y, por ende, en la copia del arte de razas inferiores, donde acaso encuentre algún elemento fecundo, más nunca lo que él busca. Lo más característico de ese arte, será una total recusación de toda labor de continuidad. «Quien no sea capaz de poner una primera piedra, nada tiene que hacer en el arte». Y como las primeras piedras han sido puestas ya, se hará de las piedras un uso homicida, para tirárselas a la cabeza al primero que pase. Coincidirá todo ello con el auge del cinematógrafo, que es, estéticamente la inanidad misma, el cual, combinado con el fonógrafo, dará un producto estéticamente abominable. No basta moverse; hay que meter ruido.

Yo os aconsejo, amigos míos —sigue hablando Mairena a sus alumnos— que no perdáis la cabeza en esa baraúnda. Porque todo ello será el resultado de una guerra vacía de sentido, o cuyo sentido no habrán alcanzado a comprender la inmensa mayoría de los combatientes, de una guerra preludio de otra mucho más honda, complicada y significativa, que vendrá más tarde. Y aunque todo ello sea estéticamente de escaso valor (nunca de valor nulo), no por eso carecerá de importancia, como tema de reflexión desde, otros puntos de mira.

Habrá que reparar en cuán grande ha de ser el resentimiento, y cuán hondo el odio contra la tradición y contra la continuidad histórica de tantos miles de hombres que habrán visto inmoladas, segadas materialmente generaciones enteras en el gran choque de las plutocracias occidentales, cuántos los llevados en alas de una retórica rezagada a una guerra implacable, para defender el predominio del capital que los esclaviza y la forma de convivencia humana que sacrifica al individuo a la estadística. Como una reacción contra la retórica prebélica, aparecerá el absurdismo postbélico, con sus piruetas más o menos macabras, sus futuristas iconoclastas, sus incendiarios de museos…

Los millones de hombres sacrificados al terrible Moloch, despertarán en el alma resentida de los supervivientes una profunda corriente maltusiana, que bien pudiera acusarse en la literatura por una defensa más o menos embozada en el uranismo y que difícilmente podrá ser compensada por el culto, en verdad gedeónico, al heroísmo anónimo del soldado desconocido. El «¿para qué engendra usted, señor mío?» y el «usted señora ¿para qué da a luz?», serán preguntas postbélicas mucho menos carentes de sentido que las supradichas (¿para qué escribe?, etc.) y aunque no se formulen de un modo explícito, determinarán la conducta de los hombres y de las mujeres, que en las grandes ciudades se entreguen al abuso de las voluptuosidades infecundas, y a la exaltación del dandysmo prebélico, agravado por la desconcertada ñoñez postguerrera.

Yo os aconsejo que os dediquéis a meditar sobre las múltiples manifestaciones de ese arte como fenómenos sociales postbélicos. Ello no es más que un punto de vista para atisbar un aspecto del problema estético. Enfundad vuestras liras y consagraos a la filosofía, quiero decir a la reflexión, porque la tradición filosófica, menos de superficie que la literaria, no se habrá interrumpido. La continuidad histórica, en el fondo, tampoco.

Las grandes potencias habrán chocado como carneros —Mairena habla siempre en 1909— o como ciervos enfierecidos hasta partirse el frontal. Pero un pueblo, entre tanto, habrá tenido una ocurrencia genial, de esas que, una vez realizadas, recuerdan la experiencia entre ingenua y cazurra del huevo de Colón.

Para combatir el imperialismo, es decir, las ambiciones desmedidas y forzosamente homicidas de las plutocracias, empecemos por arrojar nuestro Imperio a la espuerta de la basura. Después, con las armas en la mano, las armas que ese imperio nos obligó a empuñar para que le sirviéramos, vamos a servirnos a nosotros mismos y, de paso, a la humanidad entera, proclamando nuestra voluntad de estructurar y de construir un orden social más en armonía con nuestras fatalidades y con nuestra libertad, con nuestras necesidades y con nuestras aspiraciones. Desde entonces se habrá iniciado el ocaso, no precisamente de las revoluciones, sino, por el contrario, de las guerras imperiales y nacionalistas, porque toda guerra estará ya más o menos complicada con la Revolución.

En el camino de esas nuevas guerras, más o menos catastróficas, pero desde luego menos vacías —lanzas contra escudos— en que todo el mundo va a saber por qué y para qué se lucha y hasta para qué se engendra, el arte tomará una actitud profundamente humana. ¿Surgirá un arte nuevo? Esa pregunta, sobradamente inepta, carecerá de sentido. Porque lo primero que ha de borrarse con una esponja empapada en la vieja sangre de los hombres, es el prurito de discontinuidad y de creación ex-nihilo que se engendró en una postguerra embrutecida y desorientada.

(*La Vanguardia*, 24 de agosto de 1938).

Desde el mirador de la guerra (VII)

Siempre es grato encontrar en las ciudades donde no vivimos habitualmente huellas de personas conocidas. Mucho más si estas huellas son, en cierto modo, inconfundibles. Durante los primeros días de mi estancia en Barcelona, y en la barbería del hotel donde me alojaba, hallé por azar rastro inequívoco de un antiguo y admirado amigo mío, que hoy milita en el campo faccioso, y a quien, no por ello, pretendo disminuir, ni mucho menos, con la anécdota que voy a referir.

—Apareció aquí un señor —habla el barbero mientras me afeita—, de buen porte, elegantemente vestido, más bien alto que bajo, no viejo todavía, pero con la cabeza bastante encanecida. Cuando lo hube afeitado con todo el esmero de que soy capaz, me preguntó si podía yo teñirle el pelo. En verdad, aquel señor parecía tener demasiadas canas para su edad. No me extrañó, pues, su pretensión. Con mucho gusto, le respondí, y aquí tengo todos los ingredientes para ello. Mi extrañeza empezó cuando me dijo que él deseaba teñirse el cabello de blanco, para *igualar* su cabeza, y, de paso, llevarle la contra a quienes en circunstancias parecidas se tiñen las canas. ¿Qué le parece a usted?

—Que ese caballero —respondí— no era seguramente don Santos de Carrión, un viejo poeta que se teñía las canas, no para simular una juventud que ya había perdido, sino para disimular lo precario de su vejez, y hallar disculpa a la escasa madurez de su juicio.

—Le contesté que, en efecto, yo disponía de una tintura con que podía blanquear sus cabellos, pero por corto tiempo; porque ella estaba hecha con una substancia que tenía la propiedad de tornarse de blanca en violeta, muy acentuado. Mi obligación es hacerle a usted esta advertencia.

—¿Y qué le respondió a usted?

—Eso es precisamente lo que yo necesito —me respondió.

***

La verdad es —hubiera comentado Mairena— que la Química debe al arte cosmética y al deseo de engañar al prójimo tanto como a la guerra, o deseo, no menos vehemente, de aniquilarlo. También es cierto que nadie sabe a punto fijo de qué se tiñe, y que, en cuestión de afeites, el hombre propone y la tintura, dispone.

—Hay en el mundo —decía Juan de Mairena— muchos pillos que se hacen los tontos, y un número abrumador de tontos que presumen de pillos. Pero los pillos propiamente dichos, que no siempre son tontos, suprimirían de buen grado la mentira super-flua, es decir, la mentira que no engaña a nadie, por-que, como dijo un coplero,

> *Se miente más que se engaña*
> *y se gasta más saliva*
> *de la necesaria.*

Pero los tontos propiamente dichos, que son un número incalculable de aspirantes a pillos, se encargan de mantener en el mundo el culto de todas las mentiras; porque piensan que, fuera de ellas, no podrían vivir. En lo cual es posible que tengan razón.

***

El hecho de que vivamos en plena tragedia no quiere decir, ni mucho menos, que hayan totalmente prescrito los derechos de la risa.

***

Si le mienten a su señora madre, le aconsejaremos resignación cristiana; pero si le faltan a su portera, que cuente con nosotros. ¡Ejem, ejem!

***

Empezó por los peces —decía Juan de Mairena— el pánico al diluvio universal.

***

La persecución a los judíos —-decía Juan de Mairena a sus alumnos— es una verdadera judiada. En primer lugar, porque, como pensaba Monsieur de la Palisse, mal podríamos perseguir a los judíos, si los judíos no existieran. En segundo lugar, porque es algo terriblemente anticristiano, y, en el fondo, la eterna cruzada de los judíos inferiores contra los judíos de primera clase o, si queréis, la venganza que toma el rebaño de todo cordero distinguido —*agnus dei*—. ¿Qué otra cosa fue la tragedia del Gólgota? En tercer lugar, porque sólo los pueblos saturados de

Viejo Testamento y de sangre judaica pueden pasarse la vida berreando: ¡somos pueblo elegido; aquí no hay más pueblo elegido que el nuestro!

Si conociera Hitler estas sentencias de Juan de Mairena, revisaría su modesto arbusto genealógico para encontrar la verdadera razón de su fervorosa o intransigente *ariofilia*. Porque de los arios debe saber Hitler aproximadamente tanto como su compadre Mussolini.

(*La Vanguardia*, 1 de septiembre de 1938).

Miscelánea apócrifa

Nunca para el bien es tarde. Quiero decir que todavía la Sociedad de Naciones pudiera redimirse de sus muchos pecados, siendo, por una vez, lo que tantas veces no ha sido: un coadyuvante sincero en la ingente labor para el triunfo de la justicia entre los pueblos. Si, fiel a su corta y lamentable tradición, sigue siendo un instrumento en manos de los poderosos para asegurarse la paz armada, que es acrecentar la guerra futura, por el camino más corto, es decir, mediante el exterminio de los débiles, bien pueden los buenos checoeslovacos pedir a Dios que la Sociedad de Naciones no se ocupe de ellos.

***

El timbre avisará a los viajeros la salida de todos los trenes con cinco minutos de anticipación. Así rezaba un grueso letrero escrito en la pared del restaurante contiguo al andén de una estación importante. Mairena apuraba tranquilamente su café, cuando oyó silbar una locomotora.

—Mozo —exclamó aterrado—, ¿es verdad lo que dice ese letrero?

—Sin duda, señor. El timbre avisará… cuando lo pongamos.

—Pero…

—Todavía no nos hemos decidido a ponerlo.

***

—Imperdonable —decía don Miguel de los Santos Alvarez—, imperdonable que haya escrito usted un drama trágico, en cinco actos, tan malo como ese. ¡Con lo fácil que es no escribir un drama trágico en cinco actos!

***

Shakespeare, el más grande dramaturgo de todas las edades, cuidó siempre mucho de los bufones y de las bufonadas de sus tragedias. Bernard Shaw, en nuestros días, sigue convencido de que lo cómico es un buen avivador de lo trágico. O viceversa. Por eso escribe hoy una farsa titulada «¡Ginebra!», cuyo éxito es tan seguro que ni siquiera necesitamos conocerla para aplaudirla.

***

La guerra, como *chantage* —hubiera dicho Juan de Mairena en nuestros días—, es algo verdaderamente abominable. No hay que negar por ello que alguna vez alcanza su propósito; por ejemplo: cuando el adversario comprende que, a última hora, la amenaza de guerra puede cumplirse. Lo verdaderamente incomprensible es que se amenace a nadie con la paz, revelándole cómo, a última hora, se está perfectamente decidido... a no ir a la guerra.

***

Claro que, en el fondo, los chantajistas de la paz son mucho más pillos que los de la guerra y, acaso, menos tontos de lo que parecen. Ellos se erigen en fieles guardadores de la paz. ¡Guay de quienes guerreen sin nuestro permiso, aunque guerreen en defensa de sus más legítimos derechos! Porque ahí están los bárbaros propugnadores de la guerra para echársela encima a esos pobres diablos, sin que nosotros podamos ni queramos evitarlo.

***

En una clase de lógica como la nuestra —hubiera dicho Juan de Mairena a sus alumnos— es difícil tratar de política internacional, sin cometer graves yerros. ¿Comprendéis vosotros que un pueblo, mejor diré un gobierno, que abandona las fronteras de su propio territorio o las rutas que a él conducen, vaya a la guerra por defender las fronteras de otro país, cualesquiera que sean los compromisos que con él tenga contraídos? Pues las cancillerías de Europa han estado a punto de convencernos de que eso no es ningún absurdo. Claro que... a punto nada más.

***

La *Morgue* han llamado los italianos a la Sociedad de Naciones. La denominación es inexacta; porque, como ha demostrado Alvarez de Vayo en su magnífico, insuperable discurso de Ginebra, la Sociedad de Naciones es todo, antes que un depósito donde se exhiban los cadáveres de los pueblos náufragos o asesinados. Yo le llamaría mejor —a esa flamante Sociedad— el *Puerto de Arrebatacapas del honor internacional*.

(*La Vanguardia*, 25 de septiembre de 1938).

91

Desde el mirador de la guerra (VIII)

En esta egregia Barcelona —hubiera dicho Mairena en nuestros días—, perla del mar latino, y en los campos que la rodean, y que yo me atrevo a llamar virgilianos, porque en ellos se da un perfecto equilibrio entre la obra de la Naturaleza y la del hombre, gusto de releer a Juan Maragall, a Mosén Cinto, a Ausias March, grandes poetas de ayer, y otros, grandes también, de nuestros días. Como a través de un cristal coloreado y no del todo transparente para mí, la lengua catalana, donde yo creo sentir la montaña, la campiña y el mar, me deja ver algo de estas mentes iluminadas, de estos corazones, ardientes de nuestra Iberia. Y recuerdo al gigantesco Lulio, el gran mallorquín. ¡Si la guerra nos dejara pensar! ¡Si la guerra nos dejara sentir! ¡Bah! Lamentaciones son estas de pobre diablo. Porque la guerra es un tema de meditación como otro cualquiera, y un tema cordial esencialísimo. Y hay cosas que solo la guerra nos hace ver claras. Por ejemplo: ¡Qué bien nos entendemos en lenguas maternas diferentes, cuantos decimos, de este lado del Ebro, bajo un diluvio de iniquidades: «Nosotros no hemos vendido nuestra España»! Y el que esto se diga en catalán o en castellano en nada amengua ni acrecienta su verdad.

***

Si se fuera (dentro de unos días, o de unas semanas, o de unos meses) a la guerra grande, podría decirse que nunca los hombres se decidieron a ella más convencidos de su inutilidad... Y con más horror a sus consecuencias. ¿Cómo —se preguntarían— si todos la aborrecemos, todos la hemos aceptado? Porque parece ser que ni el propio Hitler la quiere de verdad, y que su posición es, en efecto, la del chantajista, el cual sabe muy bien todo el provecho que puede rendirle la amenaza mientras no se cumple, y el poco que habría, de rendirle su cumplimiento.

Yo no creo, sin embargo, que esto sea tan verdad como parece. Porque hay muchos belicistas en el mundo, demasiados creyentes en la profunda fatalidad de la guerra; muchas almas armígeras y batallonas; sobradas gentes convencidas de que la verdad es guerrera y la paz una vana aspiración de los débiles; toda una ciencia pura cuyas hipótesis últimas no repugnan la guerra, y otra, aplicaba al dominio de la Naturaleza, propicia a desviarse hacia el dominio de los hombres. Y demasiados intereses comprometidos en la fabricación de máquinas homicidas, gases deletéreos, etcétera. Porque el clima moral del Occidente es guerrero por excelencia, y el *homo sapiens*, de Linneo, y el *faber* de los pragmatistas, se han trocado en un *homo bellicosus*, dispuesto a *tomarse con Satanás en persona*, como Don Quijote, y sin ninguno de los motivos que tenia el buen hidalgo para pelear. Porque hay toda una filosofía y hasta una religión bajo el signo de Marte, y sobrados motivos sociales, biológicos, metafísicos, que llevan al hombre a guerrear. Todo esto hay, como si dijéramos en un platillo de la gran balanza, y, en el otro, el Miedo, que es la ferocidad misma, el alma de la *jungle*... De modo que la guerra, en ninguno de sus aspectos, sin excluir el de la paz armada hasta los dientes, puede asombrarnos.

***

La Sociedad de las Naciones, ese organismo de trágica opereta, o, si lo preferís, ese *esperpento*, en el sentido que dio nuestro Valle Inclán a la palabra, es una institución tan al servicio de la guerra, quiero decir tan al servicio del fascio, como los cañones de Hitler y los manejos pacifistas de Cbamberlain. Al gesto de España, a las palabras del doctor Negrín, de insuperable valor moral, responde con su aquiescencia a controlar la retirada de nuestros voluntarios, cuidándose *muy mucho* —como decíamos los académicos— de no entorpecer en lo más mínimo la actuación salvadora del *Comité de No Intervención*, donde figuran los invasores de España.

***

Grande fue el éxito de Chamberlain en el Parlamento inglés, antes de su último viaje a Alemania. (Hasta la reina María —*look to the lady*— se desmayó al oírle). Su ingenio inagotable había tenido una *ideica* más: ¡Hay que salvar al fascio por encima de todo! ¡Que se hunda Inglaterra, pero que se salve la City!

***

Los profetas a la manera de Juan de Mairena (que nunca tuvo la usuraria pretensión de acertar en sus vaticinios) somos los primeros sorprendidos cuando los hechos vienen a darnos la razón. ¿Con que era cierto que Francia no iría a la guerra *por mor* de Checoeslovaquia? ¿Que mister Chamberlain no pensó jamás que había de *achicharrarse todo él* por tan poca cosa, cuando no consentía en *quemarse los dedos* por la cuestión de España? ¿Cómo es posible que cosas tan lógicas hayan podido coincidir con los hechos?

***

Y ahora nos preguntamos unos cuantos románticos rezagados, almas perdidas en un melonar: ¿seguirá interviniendo el Comité de No Intervención? La cuestión de España —¡*tan secundaria!*— y el problema *baladí* del Mediterráneo habrá que tratarlos —no obstante su levedad— en alguna parte. Que no sea, pedimos a Dios, en ese Huerto del Francés del honor internacional.

Cuando llamamos Huerto del Francés al Comité de No Intervención, no pretendemos ensombrecer demasiado la memoria de Aldije; porque no es en él, precisamente, en quien pensamos.

(*La Vanguardia*, 6 de octubre de 1938).

España renaciente

Serrano Plaja

En plena guerra, y totalmente empapado en la guerra, aparece un libro de Arturo Serrano Plaja: *El hombre y el trabajo*. El libro está dedicado a Virginia, una mujer de España, invocada al comienzo de la obra entre *campanadas de pólvora* y retratada, al fin de ella,

> (*vuelve hacia mi la maravilla triste,*
> *la delicada pena de tu rostro*)

con los mejores versos de su poeta. Saludemos a esta Virginia con todo respeto y toda simpatía; con algo también de gratitud, por la parte que haya podido tener en este bello libro. Porque hoy la poesía vuelve a humanizarse, y hemos de reconocer, otra vez, que apenas hay poema que no deba algo a la musa de carne y hueso, señalada con singular encomio por el maestro Darío.

Es Arturo Serrano Plaja, dilecto amigo nuestro, un poeta-soldado o soldado-poeta, hombre tan a la altura de las circunstancias, que no ha pensado nunca en colocarse *au dessus de la mélee*, sino más bien *au dedans*, en el corazón mismo de la refriega. Es posición la suya de poeta verdadero, y no precisamente porque escriba versos (nadie menos que el poeta está *obligado* a escribirlos), sino porque no ha de negarse a vivir la guerra quien pretenda cantarla. Y si se nos arguye con el ejemplo abrumador del ciego inmortal, responderé que Hornero la vivió como pudo al imaginarla; y tanto pretendió hacerla suya, y tanto la acercó a su oído, que en sus hexámetros resuena, no sólo el mar multisonoro que bañaba las naves de los aquivos, sino el estruendo que hacían las armas de sus héroes al desplomarse sobre la tierra. Por lo demás, ¿qué podrá decirnos, que merezca oírse, sobre Ayax de Talemón o Aquiles de Peleo, mucho menos sobre Viriato o Juan Martín, quien se niegue a sentir el santo orgullo de oír la voz, o de estrechar la mano de un Modesto, de un «Campesino», de un Lister, de un Galán? ¿O esperaremos a que pasen los siglos para decir algo bueno de esos gigantescos capitanes de nuestros días? Mañana se irá, ciertamente, a rezar un poco a la tumba del soldado desconocido: y yo no sé si esto es, en verdad, un rasgo piadoso o, como sospechaba Mairena, un pequeño absurdo, cuando no una macabra cursilería. De todos modos, es algo que carece de sentido, si antes no enronquecemos por haber gritado a los cuatro vientos los nombres de los heroicos soldados que conocemos.

El hombre y el trabajo es un libro de guerra; porque el hombre a que alude Serrano Plaja es el que está defendiendo con las armas nuestro suelo y el porvenir de nuestra España; es el hombre también del trabajo fatal con que se gana el pan, que emplea toda la libertad de que dispone en combatir al esclavo del ocio. Y ello por conquistar, para todos los hombres, el ocio santo *sine qua non* de la cultura.

> *Quiero*, dice Serrano Plaja, *palabras desgastadas por el uso y el tiempo, como los azadones,*

olor resuelto a encinas
y dulce pesadumbre de músculos con sueño

Digamos de paso que, cuando el poeta renuncia —¡ya era tiempo!— a todo dandysmo literario, surge la expresión original, que no necesita ser nuevo el tópico poético sometido a reacuñación cordial.

Los *músculos con sueño* a que alude Serrano Plaja son los músculos de la fatiga humana, los músculos que se duermen de puro cansancio y que sueñan despertar en el ocio fecundo, dicho de otro modo, en el trabajo libre.

Para terminar esta nota, que no pretende ser la crítica de un libro, digamos que Serrano Plaja nos trae del corazón de la refriega visiones más hondas de las que hubiera podido tener al margen o por encima de ella. Digamos también que los trabajos y los días de nuestro siglo, como los *Erga kai hemerai* del viejo Hesiodo, no se encaminan a redimir al trabajador por el deporte, porque antes habrá que redimir al deportista por el trabajo.

***

Frente a frente nos encontramos hoy deportistas y trabajadores, trabados en una guerra que han inventado ellos, que nosotros sufrimos y que, por ser más suya que nuestra, tiene mucho más de trágico deporte que de trabajo cruento. Ellos han desvitalizado, deshumanizado, mecanizado el juego, quitándole toda su alegre espontaneidad, toda la gracia que en él ponen los niños, para quienes el juego es la vida misma, y han dado, al fin, en la concepción de ese deporte monstruoso, francamente homicida, que sería la guerra total contra el hombre que trabaja y contra el niño que juega, esa guerra mucho más estúpida que una partida de polo —juego imperial por excelencia— que nadie podría ganarla, porque nadie puede sobrevivir al total exterminio de su especie.

***

Cerrado el libro de Serrano Plaja, para su *relectura*, que es el mayor encanto de los libros bellos, pienso en una pléyade de poetas de España que, como Lorca y Alberti, son mucho más que aprendices de folklore. La voz de Lorca se ha extinguido para siempre, pero ha sido escuchado y vive en sus libros; la de Alberti alcanza hoy su plenitud, por fortuna nuestra, en sus labios y en sus libros. Y pienso en una voz que ha enmudecido, cuando apenas pudo ser escuchada y, sin embargo, merecía escucharse. Me refiero a otra voz, como la de Lorca, asesinada, la de mi amigo Morón, el poeta onubense. Morón escribió un libro (y acaso llegó a publicarlo) titulado *Minero de Estrellas*, dedicado a los mineros de Ríotinto. Como Alberti, como Emilio Prados, como Serrano Plaja, Morón se acercó al alma del pueblo, no solamente para oírle cantar; supo también, piadosamente, escuchar su fatiga. Y descendió con él a las entrañas de la tierra, a las tinieblas de la mina... Creo que el libro de Morón debe publicarse y, si se publicó, reimprimirse.

(*La Vanguardia*, 21 de octubre de 1938).

Desde el mirador de la guerra (IX)

Conviene no escuchar demasiado los cantos de las sirenas, o mejor dicho, conviene no confundirlas con las voces leales. Porque los días se acercan de mayor peligro para este vasto promontorio de Occidente, ancha cola o rabo, ya no del todo por desollar, de la vieja Europa.

Por las puertas de la traición han entrado nuestros enemigos, salvo aquellos que ya estaban dentro, dedicados a franquearlas. En verdad, no faltaron Laocontes que denunciasen a tiempo lo que llevaba en el vientre el caballo de nuestra Troya republicana. Acaso no gritaron bastante; la verdad es que no fueron oídos. A costa de mucha sangre, saben hoy casi todos en qué consistía la faena de aquel infatigable ensanchador de la base de nuestra República. Pero aquello es ya lo irremediable, y aunque no conviene olvidarlo, fuerza es pensar en otras traiciones más graves, que todavía puede reservarnos un mañana más o menos, nunca demasiado, remoto. Por fortuna, los vigías están hoy en sus puestos; y los oídos son hoy más finos que lo fueron entonces. Conviene no olvidar, sin embargo, que toda vigilancia es poca, y que los gritos de alerta no son todavía superfluos.

***

Conviene desconfiar, con máxima desconfianza, de todos aquellos que, más allá del Pirineo, nos hablan todavía de la *No Intervención en España*, sobre todo cuando simulan ignorar que la No intervención fue, desde un principio, una groserísima cobertura del convenio entre cuatro Gobiernos intervencionistas, dos de los cuales eran auténticos invasores de España; los otros dos, sus indirectos coadyuvantes, pues negaban a España sus más legítimos medios de defensa.

Entre esos simuladores hay algunos un tanto arrepentidos de su conducta, no tanto por el daño que hicieron a España, sino por miedo a ser señalados entre los suyos como desleales a su patria, porque vendían como política nacional una política de clase. Entre ellos hay alguno que, no contento con contribuir al asesinato de España, vendía a su nación y, además, a su clase. De ese, menos que de nadie, hemos de contribuir nosotros a cohonestar la conducta. Toda nuestra gratitud, en cambio, será poca para nuestros verdaderos amigos de Francia y de Inglaterra, y para quienes, como el representante de la U.R.S.S., lucharon sin tregua por entorpecer los manejos hipócritas, y revelar al mundo el cinismo y mala fe de los cuatro Gobiernos aludidos, a saber: Inglaterra, Francia, Alemania e Italia.

El tiempo continúa su marcha inexorable —*fugit irreparabile tempus*—, y del porvenir la inagotable caja de sorpresas, hemos de confesar que sabemos muy poco. No tan poco, sin embargo, que todo nos sea absolutamente imprevisible: también lo esperado puede saltar como la liebre, cuando menos se espere; la caja de sorpresas nos reserva esa sorpresa más. España ha sido, en verdad, consecuente consigo misma cuando, bajo un diluvio de iniquidades, ha adelantado el pecho, para pasar el Ebro, y escribir a su margen la más gloriosa gesta de su historia.

Entre las viejas cuentas del astuto abogado de la City, ha surgido esa cifra inesperada y desconcertante. Nosotros la esperábamos, aunque, al producirse, nos asombre.

España ha sido consecuente consigo misma, cuando el doctor Negrín la ha proclamado como sustentadora de los valores éticos universales, cuando el doctor Negrín y Alvarez del Vayo han exaltado en Ginebra —la hoy lamentable Ginebra, tantas veces antaño patria y asilo de la libertad— el gesto españolísimo, y han sabido oponer la suprema hombría de bien al despotismo del fascio inverecundo y a la suprema avilantez del fascio encubierto. España ha sido consecuente consigo misma cuando, abrumados nosotros por la adversidad y en los momentos de mayor angustia, nos ha hecho sentir el supremo orgullo de ser españoles. De suerte que ya sabemos que no todo fue sorpresa en lo pasado, y sospechamos que no todo ha de serlo en el futuro.

***

No hemos tampoco de apartar nuestros ojos de las iniquidades previstas, porque la mayor parte de todas tal vez se guisa ya en las cocinas de nuestros adversarios. Fuera de España, en la brumosa Albión, hay alguien que no duerme, porque, como Macbeth, ha asesinado el sueño, y no precisamente en su castillo de Escocia, sino en el corazón de la City. Es de esperar que en la pendiente del crimen y del miedo, también como Macbeth, no pueda detenerse. Por lo demás, sus brujas lo engañarán con la verdad, hasta el fin. Tampoco él ha de creer en el milagro del bosque semoviente, ni en el invulnerable ardimiento del hijo de la loba... romana. No agotemos el símil. Él irá hasta el fin, el suyo, que no lleva trazas de ser demasiado gallardo. Procuremos nosotros apartarnos de su camino, mas sin quitarle ojo. Y cuando gritemos, que se nos oiga más allá del Atlántico.

(*La Vanguardia*, 23 de octubre de 1938).

Unas cuartillas de Machado

Con motivo de la despedida a los voluntarios internacionales, el ilustre poeta Antonio Machado ha escrito las siguientes cuartillas:

«A los voluntarios extranjeros: Cuanto hay de trágico en la gesta española de nuestros días culmina en el hecho de que hayan de abandonarnos nuestros mejores amigos, los hombres abnegados y generosos, como Jorge Hans —cito un nombre egregio en representación de toda una legión de héroes—, que han combatido por un ideal de justicia y por la España auténtica, frente a los traidores de nuestra casa y a los mercenarios y serviles, obedientes a la perfidia reaccionaria de dentro y a las iniquidades codiciosas de fuera.

Ellos, los voluntarios por excelencia, se marchan porque así lo exigen altísimas razones del Estado.

Con su ausencia, en efecto, queda patente algo que ya nadie puede poner en duda. España lucha sola, completamente sola, contra la invasión extranjera: contra los sediciosos, desnaturalizados por su propia conducta, y las tropas que, cobarde y subrepticiamente, han introducido en España dos grandes naciones tan poderosas como envilecidas por sus dictadores.

Nuestros peores enemigos han entrado todos por las puertas de la traición. Frente a ellos se yergue solitaria la hombría española, envuelta en los férreos harapos de nuestro Don Quijote, pero bañada en luz, toda vibrante de energía moral.

No es sólo la disciplina —que ya sería bastante en estos días de guerra—, es también, y sobre todo, una profunda convicción la que me lleva a aceptar como español y aplaudir sin reservas el gesto y las palabras del doctor Negrín. Pero un deber de gratitud no menos imperioso y un impulso cordial no menos sincero me dictan también estas palabras: "Amigos, muy queridos, compañeros, hermanos: la España verdadera que es la España fiel al Gobierno de su República nunca podrá olvidaros: en su alma llevan escritos vuestros nombres: ella sabe bien que el haber merecido vuestro auxilio, vuestra ayuda generosa y desinteresada, es uno de los más altos timbres de gloria que pueden ostentar"».

(*La Vanguardia*, 29 de octubre de 1938).

Antonio Machado habla del 7 de noviembre (alocución de radio)

Quién oyó los primeros cañonazos disparados sobre Madrid por las baterías facciosas, emplazadas en la Casa de Campo, conservará para siempre en la memoria una de las emociones más antipáticas, más angustiosas y perfectamente demoníacas que pueda el hombre experimentar en su vida. Los asesinos de Madrid, asesinos de España, estaban allí, crueles, implacables... Pero no entraban. ¡Oh! No podían entrar. Hubo de aplazarse indefinidamente el sacrílego *Te Deum* en la Puerta del Sol, que proyectaban aquellos enemigos de Dios, para festejar la consumación de su crimen. No entraron, no podían entrar, porque Madrid no lo consentía. Un general insigne y unos cuantos capitanes egregios —¿habrá algún día bronce bastante para ellos?— cuajaron con pechos un frente de combate, una barrera infranqueable para el odio faccioso. Han pasado dos años y, para asombro del mundo —¿merece el mundo tan sublime espectáculo?— esa barrera sangra, pero no cede. ¿Triunfará Madrid? La victoria la ha ganado cien veces, quiero decir que cien veces la ha merecido.

(*La Vanguardia*, 8 de noviembre de 1938).

Desde el mirador de la guerra (X)

Un tanto amenguada la cortina de humo, o la utilización como tal de la cuestión checoeslovaca, adquiere gran resalto, y tiende a ocupar el puesto que le corresponde, la cuestión del Mediterráneo. Ella, como las otras, guarda relación con todas las demás; porque ya no hay compartimentos estancos en la política universal, pero es ella la que más preocupa, sin duda, en el Occidente europeo y, acaso, la que, por de pronto, más debe preocupar en todas partes. Claro que toda máxima preocupación debe llevar consigo un tabú que prohíbe mentarla. Será difícil, sin embargo, mantenerlo por mucho tiempo. En España es y ha sido siempre cuestión de insuperable importancia. Pero tampoco han fallado en España voces desorientadoras, descaminantes, como si a nosotros también nos conviniera silenciarla, eludirla o aparentar que pensamos en otra cosa. Yo, por mi parte, nunca escuché esas voces, porque siempre me parecieron hijas no de mala intención, mas sí de error patentísimo.

Que Mr. Chamberlain y lord Halifax, y cuantos hacen en Inglaterra una política de clase, que pretenden vender por política de Estado, no tengan mucha prisa por que los ingleses vean con demasiada claridad y sepan a punto fijo cómo se encuentra la cuestión del Mediterráneo, es algo perfectamente comprensible. Mucho más si, como algunos sospechan y otros creen saber, la llave más importante del Imperio británico, el Estrecho de Gibraitar, no está ya muy segura en la insondable faltriquera de la vieja Albión. La cosa es perfectamente comprensible, porque nadie que no pueda rendir estrechas cuentas de algo puede tener prisa por que se le exijan. El que a nosotros, españoles, nos interese tanto el pellejo y la tranquilidad de esos ilustres pescadores de caña, el que contribuyamos en la modesta medida de nuestras fuerzas a guardarles el secreto, en perjuicio de nuestros buenos amigos de Inglaterra, no es ya tan comprensible. Al menos yo confieso no haberlo comprendido todavía. Bien entiendo, sin embargo, que se me puede preguntar: ¿Y cuáles son nuestros buenos amigos de Inglaterra? Yo respondo sin titubear: en primer lugar, Inglaterra entera como democracia, de la cual hemos aprendido algo y pudimos aprender mucho más, en segundo lugar, Inglaterra como Imperio, porque mientras haya imperios en el mundo, es el inglés no solamente el más tolerable sino el más firme puntal de nuestra independencia. No ignoro que se me puede seguir preguntando: ¿Y cuáles son, entonces, nuestros enemigos? Nuestros enemigos, respondo, son aquellos que están en la propia Inglaterra, no sólo contribuyendo a nuestra asfixia, sino comprometiendo su propia democracia y su Imperio —su Imperio democrático o su democracia imperial— por salvar los intereses sin patria de la alta banca y, todo ello, en beneficio de nuestros enemigos y de los suyos, mucho más suyos que nuestros. Y el que nosotros contribuyamos a que los ingleses vean esto con la acuidad con que nosotros lo vemos, no es pagarles nuestra amistad en mala moneda, ni mucho menos trabajar contra nuestros propios intereses.

**

También es incomprensible que cuantos siguen en Francia, más o menos a remolque, una política semejante a la inglesa, cualquiera que sea su filiación política, no tengan demasiada prisa por rendir a Francia cuenta de su conducta. Ellos han trabajado con todas sus fuerzas y pretenden seguir trabajando no sólo contra la Francia democrática, la de la gran Revolución y del «affaire» Dreyfus, sino también, y sobre todo, contra la Francia imperial, que culminó en el Tratado de Versalles. Es muy comprensible que ellos tampoco quieran mentar la cuestión del Mediterráneo, y hasta que soporten con santa paciencia y, en el fondo, con mal disimulado regocijo, que se les acuse de claudicadores en Munich, porque ellos saben muy bien, están hartos de saber que sus claudicaciones son mucho más graves. No es sólo que hayan perdido su crédito y su influencia política en la Europa centroriental, es que han abandonado las comunicaciones con el África del Norte, la ruta marítima por donde la metrópoli se comunica con sus colonias, por donde sus colonias mandarían las fuerzas que habían de defender la metrópoli contra un enemigo implacable. Han hecho más... Pero, ¿a qué seguir? ¿A qué mentar la soga del Pirineo y del golfo de Vizcaya en casa de ahorcado en Mallorca? Ellos saben muy bien que su gran pecado no ha sido en

Praga, ni en Munich, sino en París y en Londres; se llama el Comité de no intervención en España. Porque, evidentemente, es en España donde debieron intervenir hace ya más de dos años para impedir que España fuera invadida por los más implacables enemigos de Francia.

Cuando sir Neville Chamberlain y su jovial compadre monsieur Daladier, dicen que se ha conseguido que la guerra de España deje de ser una amenaza para la paz de Europa, no se sabe a quién pretenden engañar, porque no hay nadie tan palurdo sobre el planeta que comulgue con esa rueda de molino. Es ahora cuando los intereses vitales de Francia y de Inglaterra han de aparecer más directamente amenazados.

Y es ahora cuando para tranquilidad de todos ha dicho Chamberlain que ni Hitler ni Mussolini tienen la menor ambición en España, ni siquiera de perturbar el equilibrio mediterráneo.

Lo afirma Chamberlain y, digámoslo con ironía shakespeariana,

Chamberlain is an honourable man.

Los sinceros amigos de Francia y de Inglaterra —más amigos aún, claro está, de nuestra España—, vemos con más repugnancia que terror que la suprema iniquidad contra nosotros se proyecta en todas las cancillerías donde el fascio se alberga y, por ende, también en las de Londres y París. De los cuatro fingidos no intervencionistas, los dos invasores de nuestra patria se quitarán pronto la careta, que ya les sofoca, y aparecerán sus rostros aborrecibles, sin sorpresa de nadie. Las máscaras eran inútiles por demasiado transparentes. Los otros dos procurarán conservarlas, no por miedo a nosotros, sino a sus propias conciencias, quiero decir a sus propios pueblos, a quienes vienen engañando. Son estos pueblos mismos los que han de arrancárselas.

Entretanto, el doctor Negrín y Alvarez del Vayo han elevado la voz de España, sin vanagloria y sin miedo, con el orgullo modesto, perdonadme la aparente *contradictio in adjecto*, con que habla siempre España en los momentos decisivos. España no es una invención de las cancillerías europeas, la resultante de un tratado de paz más o menos inepto. Lleva siglos de vida propia perfectamente definida por su raza, por su lengua, por su geografía, por su historia, por su aportación a la cultura universal. No es fácil disponer de su presente ni, mucho menos, de su porvenir. Aun suponiendo —y es mucho suponer— que pueda caer arrollada por la fuerza bestial de sus enemigos, su deber es caer con dignidad, resistir hasta el fin, porque sólo así sería indefectible su resurgimiento futuro. Y, por de pronto, España piensa en la victoria, porque está segura de merecerlo.

(*La Vanguardia*, 10 de noviembre de 1938).

Glosario de los 13 fines de guerra

12. El Estado español se reafirma en la doctrina constitucional de renuncia a la guerra como instrumento de política nacional. España, fiel a los pactos y tratados, apoyará la política simbolizada en la Sociedad de Naciones, que ha de presidir siempre sus normas. Ratifica y mantiene los derechos propios del Estado español y reclama como potencia mediterránea un puesto en el concierto de las naciones, dispuesta siempre a colaborar en el afianzamiento de la seguridad colectiva y de la defensa general del país. Para contribuir de una manera eficaz a esta política, España desarrollará e intensificará todas sus posibilidades de defensa.

Requerido el ilustre escritor don Antonio Machado para intervenir en la encuesta abierta para glosar por radio los trece puntos del Gobierno Negrín, ha escrito, con respecto al duodécimo de dichos postulados, lo siguiente:

«*Los trece puntos del Gobierno de la República.* — Con esta denominación, designa ya la fama, dentro y fuera de España, una declaración de los propósitos de nuestra guerra, que contiene, al mismo tiempo, los fundamentos de toda una Constitución política, en la cual resplandecen dos grandes virtudes: la de mirar al mañana y la de recoger lo mejor y más esencial de la tradición española.

Yo siento mucho no haber meditado bastante sobre política. Pertenezco a una generación que se llamó a sí misma *apolítica*, que cometió el grave error de no ver sino un aspecto negativo de la política, de ignorar que la política podía ser algún día una actividad esencialísima, de vida o muerte, para nuestra patria. No es extraño que no sea un hombre de mi quinta, sino de otra posterior, el doctor Negrín, quien tiene hoy la gloria de interpretar, en plena guerra, la voluntad política de España, en un documento que ya la Historia ha hecho suyo, y que merece el respeto y la admiración de todos. Cábeme la profunda satisfacción de no haber sido totalmente recusado en mi vejez por los pecados de mi juventud, de que todavía se quiera escuchar mi voz, cuando tantas otras, justamente autorizadas, tienen la palabra.

"El Estado español —se dice en el punto duodécimo— se reafirma en la doctrina constitucional de renuncia a la guerra como instrumento do política nacional. España, fiel a los Pactos y Tratados, apoyará la política simbolizada en la Sociedad de Naciones, ratifica y mantiene los derechos propios del Estado español, y reclama, como Potencia mediterránea, un puesto en el concierto de las naciones, dispuesta siempre a colaborar en el afianzamiento de la seguridad colectiva y de defensa general del país. Para contribuir de una manera eficaz a esta política, España desarrollará e intensificará todas sus posibilidades de defensa".

Reparemos en el contenido de este párrafo esencialísimo sin pretender completarlo, porque su análisis completo requiere muy hondas meditaciones, que se exceden en mucho a nuestra capacidad de reflexión. Con toda energía, se hace constar en él que el Estado se reafirma en una doctrina constitucional: la de Constitución que debe ser sagrada para nosotros, la Constitución cien veces legítima de España, votada en unas Cortes *Constituyentes* como expresión inequívoca de la voluntad política de la nación, precisamente la Constitución hollada, ultrajada y pérfidamente combatida por militares facciosos que se alzaron en armas contra ella... No lo digo bien; procuraré expresarme con más exactitud. Los militares no se alzaron *en armas* contra la Constitución, se alzaron *con las armas*, cobarde y subrepticiamente, para dejarla totalmente indefensa, aunque, por fortuna, los heroicos puños del pueblo supieron defenderla, la están defendiendo todavía.

De modo que el Gobierno de la República, en el párrafo duodécimo del documento que analizamos, no promete novedades para ponerse a tono con circunstancias políticas que pudieran serle propicias, sino que se afirma en la doctrina constitucional, que representa la evolución histórica de su pueblo, en el momento en que la traición de dentro y la codicia de fuera surgieron en su camino.

El Estado español se reafirma en la doctrina constitucional de renunciar a la guerra como instrumento de política nacional. Esto quiere decir, y lo dice muy claramente, que España renuncia para siempre a toda ambición imperialista, a todo ensanchamiento territorial debido a la violencia. Esta declaración pudiera parecer superflua al pensamiento superficial, pero de ningún modo lo es, porque España, reducida al dominio de su metrópoli, que actualmente se le disputa, ha sido un gran Imperio, y la nostalgia de volver a serlo tendría en ella razones psicológicas muy hondas, que otros muchos pueblos no podrían invocar. Pero España, en su constitución y en el magnífico documento del doctor Negrín, no las invoca, porque está mucho más allá de ellas. España es, en el fondo, fiel a su historia, al hacer hoy, *mutatis mutandis*, lo que ha hecho siempre: dar más que recibe. España ha sido, en efecto, un pueblo de conquistadores; América es su gesta inmortal. Pero España no ha conquistado nunca para sí misma, no ha sido nunca un pueblo de presa, como lo han sido otros muchos. Sus conquistas en América van precedidas del descubrimiento de un continente, de todo un mundo nuevo. ¿Qué representan unas cuantas batallas ganadas a los indios por nuestros capitanes, ante aquella ingente labor exploradora, de adentramiento y de aventuras en países desconocidos, bajo climas crueles, ante aquella lucha gigantesca contra una naturaleza hostil, inhóspita, abrumadora? La gran gesta española es la conquista de la naturaleza, si queréis, de la geografía para la Historia.

Nunca invocó España —a la manera de los totalitarios— la virtud de la fuerza para el dominio de los hombres. Se podrán discutir sus razones y sus ideales, de ningún modo su posición ética; porque siempre ha creído servir a una causa más alta que su propio egoísmo.

Cuando el doctor Negrín, en el número doce de su escrito, declara que España renuncia a la guerra como instrumento político, hace una afirmación españolísima, que autoriza y confirma lo más esencial de la tradición española.

España, fiel a los Pactos y Tratados, apoyará la política simbolizada en la Sociedad de Naciones que ha de presidir siempre sus normas.

Reparemos en que cuando el doctor Negrín habla de la Sociedad de Naciones, ha sido, en efecto, creada para fines tan altos como el de ponerse a todos los pueblos bajo el imperio de la justicia, de ningún modo para coadyuvar al exterminio de los débiles para conservar el equilibrio de fuerzas antagónicas entre los fuertes. La política que ella simboliza, de bueno o de mal grado, nada tiene que ver con el estado empírico de ese organismo de opereta tan justamente desacreditado en nuestros días.

España —continúa el documento— *ratifica y mantiene los derechos propios del Estado español, y reclama, como Potencia mediterránea, un puesto en el concierto de las naciones, dispuesta siempre a colaborar en el afianzamiento de la seguridad colectiva y de defensa general del país.*

En los momentos que vivimos, cuando se lucha en defensa do los derechos inalienables no huelga de ningún modo invocarlos, puesto que no falta quien, ciega y bárbaramente, pretende desconocerlos para atropellarlos. España es, en efecto, Potencia mediterránea por su posición geográfica, por virtud de su historia y por razones étnicas de todos conocidas.

Cuando a título de tal reclama un puesto en el concierto de las naciones, no tiene ninguna pretensión usuraria, ninguna ambición desmedida. Fiel a su historia, no expresa ningún propósito de hegemonía sobre las naciones de Europa. Porque España, este vasto promontorio del Occidente europeo, gran escudo de Europa durante ocho siglos; España, por quien existen Potencias oceánicas y mundiales, ha dado siempre —repito— más de lo que ha recibido, y este sentido generoso de su actuación en la Historia no lo ha perdido nunca. A cambio de tanta nobleza —digámoslo de paso—, España ha sido víctima de las mayores calumnias; porque hasta el título de europea se le ha negado. Quienes, con total desconocimiento de la Historia y de la Geografía, sostienen que el África empieza en los Pirineos, olvidan que en los Pirineos no empieza, sino que en ella acaba el gran baluarte de la Europa occidental erizado de sierras y poblado de pechos indomables, merced a los cuales Europa es Europa. Olvidan, quienes pretenden disminuir a España como Potencia en el mar latino, que cuando España había descubierto y daba su sangre a un continente más allá del Atlántico, conservó Venecia la hegemonía del Mediterráneo con la ayuda de España, y que merced a España, triunfadora en Lepanto, no fue el Mediterráneo un lago totalmente entregado a las amenazas del poderío turco y a las piraterías berberiscas. Miguel de Cervantes, el más egregio soldado en las galeras de España y el más ilustre cautivo europeo que tuvo Argel, viene hoy a nosotros para decirnos: "En verdad que ese título de Potencia mediterránea no se lo hemos robado a nadie".

Para contribuir de una manera eficaz a esta política —termina el párrafo duodécimo— *España desarrollará e intensificará todas sus posibilidades de defensa.* Oídlo bien, amigos muy queridos de Francia y de Inglaterra, porque España no habla el lenguaje equívoco y perverso de las Cancillerías: "todas sus posibilidades de defensa, y ninguna de sus posibilidades de agresión". Oídlo también vosotros, mal encubiertos enemigos de la España leal, encaramados en el Poder de dos pueblos amigos, que de ningún modo pueden ser enemigos nuestros. La defensa que España quiere desarrollar e intensificar, no es sólo la suya, ¡tan legítima!; es también la que vosotros tenéis abandonada en provecho de nuestros comunes enemigos, que son los más implacables enemigos nuestros. Fiel a su historia, fiel a su tradición, siempre generosa, España sigue dando más de lo que recibe. En su lucha heroica, justo asombro del mundo, la España leal al Gobierno de su gloriosa República, no sólo defiende la integridad de su territorio y el derecho a disponer de su propio destino; defiende también, y sobre todo, la hegemonía de las dos grandes democracias del Occidente europeo, la llave de un Imperio civilizador, las rutas marítimas de otro gran pueblo orgullo de la Historia; y las defiende contra los poderes demoníacos de la llamadas Potencias totalitarias, contra la barbarie que amenaza anegar el mundo entero.

Bajo las bombas asesinas de los *totalitarios*, jurados enemigos del género humano; bajo un diluvio de iniquidades y en plena refriega, España ha tenido el ánimo sereno, la inteligencia clara y el pulso firme para escribir un documento en el cual, sin odios ni jactancias, se expresa la voluntad política de un pueblo. Y no digo más, porque mi deber estricto se limita a comentar el *párrafo doce*. Otros mejores que yo os hablarán de los demás».

(*La Vanguardia*, 13 de noviembre de 1938).

Una alocución de don Antonio Machado dirigida a todos los españoles

En la patriótica emisión de radio que diariamente se da con el título «La Voz de España», ha sido divulgada la siguiente alocución del ilustre poeta don Antonio Machado:

«*A todos los españoles.—* Más da una vez he dicho, y nunca me cansaré de repetirlo, que mi ideario político se ha limitado siempre a aceptar como legítimo solamente el Gobierno que representa la voluntad del pueblo, libremente expresada. He de añadir que la palabra pueblo no tiene para mi una marcada significación de clase: del pueblo español forman parte todos los españoles. Por eso estuve siempre al lado de la República española, cuyo advenimiento trabajé en la modesta medida de mis fuerzas y dentro de los cauces que yo estimaba legales. Cuando la República se implantó en España, como una inequívoca expresión de la voluntad política de nuestro pueblo, la saludé con alborozo y me apresté a servirla, sin aguardar de ella ninguna ventaja material. Si ella hubiera venido como consecuencia de un golpe de mano, como imposición de la astucia o de la violencia, yo hubiera estado siempre enfrente de ella. Yo sé muy bien que dentro de una República se plantean problemas mucho más hondos que el estrictamente político —son ellos de índole económica, social, religiosa, cultural, en suma—, y que, dentro de esa República, caben ideologías no sólo diversas, sino hasta encontradas. Pero por muy honda y enconada que sea la lucha, la República conserva su legitimidad mientras la voluntad del pueblo, libremente expresada, no la condene. Por eso cuando un grupo de militares volvió contra el legítimo Gobierno de la República las armas que de él había recibido para defenderla de agresiones injustas, yo estuve, sin vacilar, al lado de ese Gobierno desarmado. Sin vacilar, digo, y también sin la menor jactancia; porque creía cumplir un deber estricto. Los profesionales de las armas no eran ya el Ejército de España; el Ejército de España era entonces, para mí, aquel que el pueblo hubo de improvisar con los mejores de sus hijos; un Ejército tan débil e insuficientemente armado por fuera, como fuerte y superabundantemente provisto, por dentro, de razón y de energía moral. Improvisado, digo, con los mejores de sus hijos, y no vacilo en añadir: con un pequeño grupo de voluntarios propiamente dichos, de hombres abnegados y generosos que venían a España, sin la más leve ambición material, a verter su sangre en defensa de una causa justa.

Con todo ello, y convencido de la ceguera, de los errores, de la injusticia de nuestros adversarios, de cuya índole facciosa no dudé un momento, confieso que nunca pude aborrecerlos: con todos sus yerros, con todos sus pecados, eran españoles; y el lazo fraterno, hondamente fraterno de la patria común, no podía romperse ni con la más enconada guerra civil.

Pero se inició el hecho monstruoso de la invasión extranjera. De un modo subrepticio y cobarde, la invasión se produjo, y fue tomando cuerpo y realidad innegable a medida que el tiempo avanzaba. Dos pueblos extranjeros habían penetrado en España para disponer de su destino futuro y para borrar por la fuerza y la calumnia su historia pasada. En el trance trágico y decisivo que hoy vivimos, no puede haber dudas ni vacilaciones para un español. Ya no le es dado elegir banda ni bandería: ha de estar necesariamente con España y en contra de los invasores. Dejemos a un lado la parte de culpa que en la invasión de España hayan podido tener los españoles mismos. Si este pecado existe, si alguien lo cometió conscientemente, es de índole tal que escapa al poder de sanción de todo tribunal humano.

Reparad también en que ni siquiera he hablado de fascismo ni de marxismo. No creo que haya nadie en España que diste más que yo del ideario fascista. Siempre he creído, sin embargo, que, desde un punto de vista teórico, cabe ser fascista sin por ello dejar de ser español. Mas siempre he afirmado que no se puede ser español y entregar el territorio y los destinos de España a la codicia imperialista del fascio italiano o del racismo alemán. No creo que nadie, hoy, en España, pueda pretender honradamente que esto sea posible.

Se nos ha calumniado, dentro y fuera de España, diciendo que nosotros también servimos una causa extranjera; que trabajamos por cuenta de Rusia. La calumnia es doblemente pérfida, pero tan grosera, que no ha podido engañar a nadie que no sea perfectamente imbécil. Porque todos saben (están hartos de saber) que Rusia, ese pueblo admirable, que renunció a su imperio para libertar a sus pueblos, no atentó nunca a la libertad de los ajenos y que no tuvo jamás la más leve ambición territorial en España. Esto lo saben todos, aunque muchos disimulen ignorarlo.

Ha llegado el día, hombres de España, de España entera —quiero decir de todos los pueblos hispánicos cuyo territorio está invadido— en que hemos de reconocer esta verdad inconcusa: nuestro deber más imperioso es luchar por nuestra independencia terriblemente amenazada. Y España es fuerte, mucho más fuerte de lo que piensan nuestros enemigos, porque, como he dicho una vez, y no me importa repetirlo, España no es una invención de la diplomacia extranjera o la resultante de Tratados de paz más o menos ineptos. Lleva siglos de vida propia, perfectamente definida por su raza, por su lengua, por su geografía, por su historia y por su aportación a la cultura universal. No dudéis un momento que traiciona a su patria quien se niegue a defenderla contra la invasión extranjera.

El Gobierno de nuestra República, en el ejercicio de un derecho incuestionable, y en el cumplimiento de su más alto deber, ha formulado, en el documento del doctor Negrín, de todos conocido, las líneas generales de los fines de guerra para España entera. Nada en ellos se prejuzga; nada en ellos implica coacción o amenaza. Todo en ellos significa atención y respeto para todas las buenas voluntades de España. Meditadlo bien. Y escuchad, al par, el dictado de vuestra conciencia. Él os señalará el único camino para ser españoles».

(*La Vanguardia*, 22 de noviembre de 1938).

Desde el mirador de la guerra (XI)
La gran tolvanera

La segunda cortina de humo que, para hacer *pendant* a la centro-oriental, ya casi extinguida, ha de levantarse en el occidente europeo, va a consistir en sobrestimar lo que se pretende escatimar a Hitler y a Mussolini —por ejemplo: las colonias africanas que Hitler *parece* reclamar, etc.— para encubrir o paliar concesiones mucho más graves, no sólo para nosotros, los españoles, sino también, y sobre todo, para Inglaterra y para Francia, las concesiones que en la zona española piensan hacer los defensores del fascio en Londres y en París.

Es evidente, de toda evidencia, que el simple otorgamiento de la beligerancia a Franco, sin que Italia y Alemania hayan retirado la totalidad de las fuerzas invasoras de nuestra península, implica un apoyo, una ayuda y un aliento para los propósitos en España de Hitler y de Mussolini, y que ello supone para el porvenir de Francia y de Inglaterra un daño mucho más grave que la devolución de unas colonias que, digámoslo de paso, fueron arrebatadas a Alemania en aquel abuso de una justa victoria que se llamó tratado de Versalles. Alemania, por su parte, no ha de hacer demasiado hincapié para que se les devuelvan con premura, porque cree tener sobrada fuerza para recobrarlas, porque aspira a mucho más y porque, fiel a sí misma, no gusta de invocar sus razones, mientras pueda inventar alguna sinrazón monstruosa que aterre al mundo.

Quienes disponen todavía de los destinos de Inglaterra y de Francia para servir intereses sin patria, complicados con el provecho de las patrias ajenas, pretenderán otra vez engañar a sus pueblos, haciéndoles creer que ellos son los más fieles guardadores de la integridad de sus respectivos dominios coloniales. El tratado de Versalles es intangible. Tal es una de las frases más huecas que pueden proferirse. En primer lugar, porque el tratado de Versalles viene siendo violado hace ya muchos años; en segundo, porque, en cuanto tiene de injusto y de inepto, no hay razón alguna para que sea intangible. Aun suponiendo que haya sido Alemania la única responsable de la guerra de 1914, cuesta algún trabajo creer que los alemanes que no habían nacido en aquella fecha puedan ser también culpables de la gran contienda. No creo que haya hoy en el mundo ningún hombre de mediana conciencia, que no esté convencido de la perfecta tangibilidad de ese tratado. Frases de esta índole se profieren, no obstante, en Francia y en Inglaterra, con la complicidad de la inconsciencia por un lado, y, por otro, de la Prensa venal para levantar una tolvanera, un remolino de polvo que encubra la complicidad del fascio anglofrancés en el chantaje de gran estilo que hoy perpetra en el mundo el eje Roma-Berlín. Hoy sabemos todos que ese chantaje ha sido y es posible entre otras cosas, por la llamada *no intervención en España*, quiero decir por el apoyo que Inglaterra y Francia —los Gobiernos, no sus pueblos— han prestado a los invasores. Merced a este apoyo, Hitler y Mussolini tienen en su mano las prendas que les permiten ejercer el chantaje, a saber: las posiciones estratégicas contra Inglaterra y Francia que han logrado tomar en el Mediterráneo y en nuestra península. Los Gobiernos de Francia e Inglaterra, ¿lograrán su propósito, el de engañar a sus pueblos? No me atrevo a creerlo. Ellos tienen gran fe en la lentitud con que se forman los verdaderos estados de opinión, y en el poder de la Prensa afecta para retardarlos y para desorientar y desencaminar a los pueblos. Confían, no sin razón, en que cultivando el miedo, aumenta la eficacia de la amenaza de guerra. La lucha política, en cuanto tiene de artificial, les ayuda, porque las verdades más obvias se debilitan en boca de quienes las usan exclusivamente como arma polémica. Sin duda, la verdad no deja de serlo cuando se convierte en proyectil o coincide con intereses de partido, pero pierde para los neutros toda eficacia suasoria. El gran chantaje está perfectamente organizado. Los unos amenazan con la guerra, a que no están, ni mucho menos, decididos; los otros, fomentan el miedo de sus pueblos, y les prometen una paz, que de ningún modo está en sus manos. La resultante de todo ello es, por de pronto, que el chantaje prospera.

Con todo, yo no dudo de que la verdad ha de abrirse paso en Inglaterra y en Francia. De Francia, sobre todo, espero la voz inconfundible del *acusador*, voz de timbre francés, que es, como tantas veces lo ha sido, el timbre de lo universal humano. Entre tanto, hemos de reconocer que el mingo de la incomprensión lo están poniendo nuestros buenos vecinos. Todavía hay en Francia quien cree de buena fe, que nosotros, los llamados rojos, luchamos contra una España auténtica amante de sus tradiciones, campesinos y falangistas auxiliados por marroquíes, también españoles, y que no ha reparado aún en el hecho insignificante de la invasión italogermana. Por fortuna, piensa el articulista a que aludo —nada menos que un miembro de la Academia Goncourt— el labrador, en las tierras reconquistadas por los nacionales, *a retrouvé son isolement, sa peine et sa vérité*. Y acaba citando las palabras de un oficial español, modelo —según él— de buenos patriotas y de hombres de ingenio sutil: *La phalange... est une belle maîtresse! Mais le monarchie... c'est l'épouse!* Cuando se piensa que hay todavía en Francia hombres de prestigio poseedores de tan insuperable estolidez... Por suerte, este caso de suprema incomprensión no ha de representar allí el nivel mental más frecuente en la Academia Goncourt.

La opinión en Inglaterra no parece tan desorientada como en Francia. Ya son muchos los ingleses que ven el aspecto de dictadura que va adquiriendo la actuación de Chamberlain y de sus amigos. Mas todavía no han visto con suficiente claridad que esa dictadura es de una categoría moral muy inferior a las de Hitler y de Mussolini, porque no se ejerce en favor de Inglaterra —ni como democracia ni como imperio— sino en favor de la City y del eje Roma-Berlín: que es, sencillamente, una tiranía encubierta y una traición al destino futuro de la Gran Bretaña.

(*La Vanguardia*, 23 de noviembre de 1938).

Desde el mirador de la guerra (XII)

Recapitulemos

Aunque los acontecimientos no marchen al ritmo de nuestra impaciencia, hemos de reconocer que tienden a seguir sus cauces naturales. En Inglaterra y en Francia la opinión está cada día más despierta y menos desorientada. No es fácil ya que los Gobiernos de Londres y París hagan demasiadas concesiones a los matones de Berlín, y Roma, sin que un abucheo universal los asorde.

La ocurrencia genial de nuestro presidente, el doctor Negrín, de retirada total de nuestros voluntarios, y las justas palabras de Alvarez del Vayo, han eliminado del problema español la turbia zona de los equívocos, donde tanto provecho encontraron nuestros adversarios. Ya nadie puede engañarse, ni aún el número incalculable de los papanatas. España está invadida por Potencias extranjeras. Del lado de la República no hay más que españoles. Frente a nosotros, un pueblo mediatizado por la invasión, el que más directamente la padece, un pueblo al que se arrastra a una lucha contra nosotros (es decir contra España misma, la España libre aun de invasores), y las fuerzas militares de Italia y de Alemania, que pretenden sojuzgar nuestro territorio y establecer en él las bases defensivas y los focos de agresión contra Inglaterra y Francia, las dos imperiales democracias de Occidente.

Parece indudable que la retirada de fuerzas invasoras de nuestra península no ha de pasar de un mero y groserísimo simulacro, por razones tan obvias que, como decía un ateneísta, hasta las señoras pueden comprenderlas. El régimen dictatorial, descaradamente dictatorial, basado en el éxito inmediato y progresivo, no puede sobrevivir a arrepentimientos de ese calibre, mucho menos cuando los tales arrepentimientos implicarían renuncias a ventajas positivas, verdaderas victorias estratégicas, obtenidas en la gran contienda ya entablada, y en la cual los totalitarios llevan, hasta la fecha, la mejor parte. En verdad, nadie piensa en la retirada de invasores de España, sin que éstos intenten por todos los medios, cotizar sus ventajas en pro de sus designios de expansión imperial. Alemania ha obtenido éxitos enormes para su expansión Centro-oriental en Europa —Austria primero, después Checoeslovaquia— sin haber abandonado un momento su presión en España, donde el Aquiles británico tiene su talón vulnerable. Italia reclama ya con impaciencia las ventajas equivalentes en el Mediterráneo y, en parte, compensatorias, porque la anexión del Austria por Alemania supone un grave atentado al porvenir de su pueblo. Hablar en estos momentos de *No intervención en España* es un abuso descomedido de las palabras; porque todas las pretensiones de Alemania y de Italia —los máximos intervencionistas— están complicadas y lo estarán más de día en día con la presión en España.

A medida que el tiempo avanza, el problema se agudiza, no para nosotros sino para todos. En verdad, nosotros lo hemos sacado de puntos para dejarlo reducido a sus propios términos. Tal ha sido la gigantesca obra militar de nuestro Ejército, y de la política del doctor Negrín. Para un nuevo reparto del mundo, Italia y Alemania ocupan en España posiciones que no piensan abandonar, antes por el contrario pretenderán arraigar en ellas, posiciones que tampoco pueden impunemente conservar, en primer término porque España no soporta la invasión ni abdica de su independencia (sobre ésto, como decía un filósofo, conviene que no quepa la menor duda); en segundo lugar, porque la permanencia del invasor en España obligaría a Inglaterra y a Francia a la defensa de sus intereses vitales amenazados de muerte.

El nuevo Munich a que se encaminan les llevará a concesiones en el Mediterráneo, infinitamente más graves que las que han realizado hasta la fecha, en perjuicio no sólo nuestro, sino en daño de sus pueblos respectivos.

Por de pronto, han pinchado en hueso en su entrevista de París. El patriotismo francés empieza a estar en guardia y ese patriotismo no puede ser fascista y es algo más serio de lo que muchos creen. La beligerancia a Franco, tras la cual veía Mussolini el aplastamiento de la República española y su posición en España para una cínica política de *beati possidentes* (la que tuvo en Abisinia), no ha podido ser concedida. La loba romana aúlla desvergonzadamente y no parece que Mussolini renuncie a la empresa; tampoco es fácil que deje de contar con el apoyo del fascio anglo-francés. Pero el fascio anglofrancés comenzará a ser muy poca cosa ante el patriotismo integral de dos grandes pueblos.

(*La Vanguardia*, 7 de diciembre de 1938).

Desde el mirador de la guerra (XIII)

La política de Chamberlain se caracteriza por su incansable pertinacia para navegar en aguas turbias, por la ocultación constante de sus motivos y por la gran ceguera para el porvenir de Europa y, en primer término, para el porvenir de Inglaterra. Lo menos malo que puede pensarse de Chamberlain es que, convencido de la fatalidad de la guerra, considera el tiempo empleado en la fabricación de armamentos como una ventaja mayor para Inglaterra que la suma de sus claudicaciones puede serlo para sus adversarios. En este caso sólo podría acusársele de un cálculo que parece implicar un error monstruoso. Por muy abundantes que sean los elementos bélicos que Inglaterra y Francia puedan acumular en el plazo que sus adversarios les consientan, es evidente que una España, totalmente sometida a Italia y a Alemania, la ocupación de Mallorca, las fuerzas enemigas en el norte de África y en el contorno de Gibraltar, de una línea ofensiva a lo largo del Pirineo y la existencia de todo un ejército en la Península perfectamente aguerrido y con hondas raíces en nuestro territorio, dueño de todas las posiciones estratégicas (todo esto supone el nuevo Munich a que parece encaminarse la política filofascista de Inglaterra y de Francia), son desventajas enormes de compensación imposible. A esto hay que añadir que la política de claudicación ante el fascio, aunque solo sea temporal, restará a Inglaterra y a Francia el apoyo de las dos grandes democracias del mundo.

Es evidente que el viaje de Chamberlain a Roma, si llega a realizarse, abrigará el propósito de entregar España a la codicia italiana, como fue en Munich entregada Checoeslovaquia a los manejos imperialistas de Alemania. Y el hecho es doblemente monstruoso, porque no hay la más leve razón, ni aun la más mínima apariencia de razón, para que sea mermada la independencia española. Pero el hecho es también infinitamente más grave para el porvenir de Inglaterra y de Francia. La sola concesión de la beligerancia a Franco, sin la retirada total de las fuerzas italianas invasoras de España, es, a todas luces, la aquiescencia a los propósitos del fascio y a su total dominio en el Mediterráneo occidental, la entrega definitiva de la más importante llave de un Imperio y de las rutas marítimas de otro. Cuesta trabajo pensar que nadie, de buena fe, pueda en Inglaterra y en Francia amparar esta política.

Mas no exageremos nuestra extrañeza. Gran parte de la Prensa, a cuyo cargo está la labor de formar la opinión, sirve a intereses de clase sin patria, cuando no a intereses fascistas, literalmente vendida al adversario. En Francia no es un secreto para nadie la cantidad que invierte Alemania en la compra de plumas mercenarias. Pero no es esto todo, ni sería suficiente. En las esferas del Gobierno y de la plutocracia anglofrancesa imperante reina el terror a un despertar verdadero de la conciencia de los pueblos. El error monstruoso, o la iniquidad sin ejemplo, que su-

pone la llamada *no intervención en España*, endere-
zada toda ella a hacer creer que la lucha en nuestra
península es una mera guerra civil promovida por
Rusia, una lucha de opiniones encontradas, cuya re-
percusión más allá de nuestras fronteras, sólo podría
contribuir a precipitar la revolución social; la ocultación del hecho verdadero que es, a todas luces, la invasión constante, sistemática y progresiva de nuestro
territorio por quienes aspiran a un nuevo reparto del
mundo en detrimento de los dos Imperios democráti-
cos del occidente europeo, es algo que no admite el
total desenmascaramiento, sin una repulsa de fondo,
ajena a todo juego polémico de partido, que llevaría
a los pueblos de lnglaterra y de Francia, despiertos, a
pedir cuentas demasiado estrechas, a imponer las
más terribles sanciones a los culpables. Cierto que
en Inglaterra y Francia han sonado ya voces acusa-
doras, que suponen conciencias vigilantes; mas todo
ello no ha roto la espesa costra del engaño. Para muchos, los más, estas voces cantan de falsete, responden a intereses políticos y sociales no siempre legítimos, simulan peligros inexistentes. Se ignora que,
aun en el caso de que las voces apocalípticas no fueran enteramente sinceras, coinciden con la realidad
de los hechos, que en política se miente muchas veces con la verdad y que no falta quien señale peligros verdaderos sin creer en ellos.

La turbia política de Chamberlain aprovecha el
equívoco y lo cultiva. Contra lo que se cree, la opinión en Inglaterra está menos adormilada que en
Francia, sin duda —también contra lo que se cree—

porque el problema de Inglaterra es mucho mas grave que el de Francia. Francia podría sobrevivir a su Imperio colonial; Inglaterra, no. Se dice, además, que el inglés es más tardo de comprensión que el francés, y esto es sólo cierto con una limitación, que suele omitirse: de cuanto pasa fuera de Francia, suele ser el francés el último en enterarse, porque su política y su diplomacia suelen estar en manos de hombres mediocres; las de Inglaterra —en cambio— han venido siendo hasta hace poco el patrimonio de una *élite*. Con todo, aun en la misma Francia la opinión despierta en el momento preciso en que los Gobiernos filofascistas meditan la suprema iniquidad contra España y la suprema traición al porvenir de sus pueblos.

Si, contra lo que nosotros creemos, ambas se realizan, el naufragio moral de las llamadas democracias del occidente europeo sería un hecho irremediable; Inglaterra y Francia habrían perdido no sólo sus posiciones estratégicas para la inevitable contienda futura, sino su razón de ser en la Historia. Ni dignidad ni precio; ni honra ni provecho. Les quedaría una fuerza disminuida y degradada y una retórica manida, sin valor ideal, que no podría convencer a nadie. Porque entre el deshonor y la guerra —recordemos las palabras de Churchill— habrían elegido el deshonor y tendrían la guerra, una guerra sin honor —añadimos nosotros— y que de ningún modo merecería la victoria.

España, por fortuna, la España leal a nuestra gloriosa República, cuantos combaten la invasión extranjera, sin miedo a lo abrumador de la fuerza bruta, habrán salvado, con el honor de la Europa occidental, la razón de nuestra continuidad en la Historia.

(*La Vanguardia*, 6 de enero de 1939).

Sumario

Le agradecemos el tiempo destinado a *Desde el mirador de la guerra*. Confiamos en que haya sido de su interés y que lo recomiende a más lectoras y lectores.

Ediciones Dyskolo es un proyecto que propone una relación diferente entre quienes escriben y cuantas personas disfrutan de la lectura. Que rehuye la mercantilización del libro, antepone el valor de uso al de cambio, y busca lectores satisfechos no clientes consumidores. Ya decía Antonio Machado que *todo necio confunde valor con precio*.

Escogemos libros comprometidos: con su tiempo, y con su género y forma. *Toda poética siempre lleva implícita una ética* (Juan Gabriel Vásquez). Somos parte de un relato que viene de más atrás. Continuidad que nos permite pensar en el pasado para comprender el presente e imaginar el futuro.

Recabamos apoyo económico gracias a un modelo de suscripción que ayuda a mantener nuestra línea editorial al margen de modas comerciales. Puede visitar nuestra web (www.dyskolo.cc) para tener información sobre las novedades de la editorial o hacernos llegar opiniones y sugerencias.